阅读史译丛 张仲民 主编

旧书新史
书籍与印刷文化研究定向

[英] 莱斯莉·豪萨姆 著
王兴亮 译 张翼 校

广西师范大学出版社
·桂林·

JIUSHU XINSHI: SHUJI YU YINSHUA WENHUA YANJIU DINGXIANG
旧书新史：书籍与印刷文化研究定向

© University of Toronto Press 2006.
Original edition published by University of Toronto Press, Toronto, Canada.

著作权合同登记号桂图登字：20-2022-241 号

图书在版编目（CIP）数据

旧书新史：书籍与印刷文化研究定向 /（英）莱斯莉·豪萨姆 (Leslie Howsam) 著；王兴亮译；张翼校. -- 桂林：广西师范大学出版社，2023.4

（阅读史译丛 / 张仲民主编）

书名原文: Old Books and New Histories: An Orientation to Studies in Book and Print Culture

ISBN 978-7-5598-5744-6

Ⅰ．①旧… Ⅱ．①莱… ②王… ③张… Ⅲ．①图书史-研究-世界 Ⅳ．①G256.1

中国国家版本馆 CIP 数据核字（2023）第 019699 号

广西师范大学出版社出版发行

（广西桂林市五里店路9号　邮政编码：541004）
　网址：http://www.bbtpress.com

出版人：黄轩庄

全国新华书店经销

广西广大印务有限责任公司印刷

（桂林市临桂区秧塘工业园西城大道北侧广西师范大学出版社
集团有限公司创意产业园内　邮政编码：541199）

开本：880 mm × 1 240 mm　1/32

印张：4.625　　　字数：83 千

2023 年 4 月第 1 版　　2023 年 4 月第 1 次印刷

定价：36.00 元

如发现印装质量问题，影响阅读，请与出版社发行部门联系调换。

目 录

编者序 / 1

前　言 / 1

第一章　学科边界和跨学科机遇 / 7

第二章　描绘跨学科图景 / 27

第三章　历史中书籍位置的几种模式 / 47

第四章　历史中书籍在哪里？ / 72

第五章　跨学科观察：文本、印刷和阅读的易变性 / 100

参考资料 / 118

编者序

张仲民

随着印刷文化研究和接受研究在欧美学术界的相继兴起，阅读史作为一个跨学科的研究领域在1970年代也逐渐发展起来。在这门新学科的形成过程中，一批杰出史家及其著作涌现出来，其中最为研究者乐道的大概是美国史家罗伯特·达恩顿（Robert Darnton）与法国文化史学家罗杰·夏蒂埃（Roger Chartier）了。

就对中文学界的影响而言，夏蒂埃显然不及达恩顿，毕竟后者已经有近十本著作被译为中文，而前者只有三本，而且还是2012年以后的事。但在西方阅读史学界，两位学者皆对阅读史研究的风气有巨大影响，他们都是极富理论修养和自我批判能力的史家，其研究成果及在理论层面的探索，为诸多阅读史研究者征引和对话。一定程度上讲，很多书籍史学者的研究都绕不开甚或在追随他们的擘划，无论赞成或反对，想要"预流"于这个跨学科领域，大家均不能无视这两位先行者。

夏蒂埃的书籍史研究相较更具思想史色彩，援引的思想资源以哲学家和文学批评家为多，对米歇尔·福柯（Michel Foucault）、德·塞尔托（Michel de Certeau）等理论家非常重视，其著作的理论及方法论色彩很浓，常以与他人研究成果对话的方式展开讨论。故其研究并非如达恩顿那样深入档案馆寻找第一手材料，而是善于运用常见史料和二手资料，加以别出心裁的解读，却能发展出一些原创性想法。

与夏蒂埃明显不同，达恩顿的英美经验主义色彩更为浓厚。在英国受训的背景使他更愿意运用档案进行实证研究，而比较疏离于思想史路数。达恩顿非常重视发掘新史料，尤其是档案资料。其书籍史研究成果以及诸多关于启蒙运动历史的论述，都建基于对18世纪瑞士书商纳沙泰尔档案的使用，从他的成名作《启蒙运动的生意》，到《旧制度时期的地下文学》《法国大革命前的畅销禁书》，乃至一些著名论文集如《屠猫记》《华盛顿的假牙》等，皆是如此。达恩顿的理论素养与夏蒂埃相比不遑多让，但其研究人类学色彩更浓，这可能与他长期受美国人类学家格尔茨（Clifford Greetz）等人的影响有关。意大利著名微观史学家列维（Giovanni Levi）甚至称《屠猫记》比格尔茨还格尔茨。[1]达恩顿亦在方法论层面较为全面地总结和反思了西方书籍史、阅读史的研究情况,给后来者提供了很好的理论参考和研究指导。他的一些书评、著作的序言与跋语,也往往具有浓厚的方法论色彩,足以"示来者以规则"。又因其新闻记者的出身背景,达恩顿的文笔非常之好,《屠猫记》是一个很好的体现,读者从中文译本中即可管窥。所以这些年来,国内学者颇热心于译介达恩顿的专书,甚或一度邀请其来华讲学传道。

当然,西方阅读史名家决不止以上两人,很多学者都有很精彩的研究著作问世,只是较少被译介为中文或为中文学界所知。而国内学界对阅读史和达恩顿、夏蒂埃等学者的关注决不是近些年才有的现象。早在1990年代初,中国学者即开始译介西方的阅读史研究成果,对他们间有涉及,在对法国大革命史的评介中也出现了两人的身影。中文学界在引介之余也受到这些学者的影响,阅读史研究在近二十年悄然成风,有关的实证探索颇多,对此学界已有一些述评,此处不赘述。

反观这些年来中文学界的阅读史研究成果,尽管在很多方面做出了有益的探索,也取得了一定的成绩,推出

---

[1] Giovanni Levi, "On Microhistory," Peter Burke (ed.), *New Perspectives On Historical Writing* (Cambridge: Polity Press, 2001), 108.

了一些不错的著述，但存在的问题也很多。最明显的是，我们对西方阅读史研究的理论和实践缺乏系统的了解，对许多精彩的实证研究成果所知不多，耳食肤受或滥用阅读史新名词的现象在实践中也很突出。而在选题、鉴别和使用史料、表述等做研究的具体方面，乃至在问题意识和提炼研究意义上，都存在照搬和误解等情况，失于简单、武断，很多学者或"土法炼钢"，或充满近（现）代化关怀，或机械模仿西方学者，或自说自话，滥用阅读史这个大帽子，导致很多研究成果品质不佳，不但难与西方对话或竞胜，甚至难以获得国内同行的尊重。饶是如此，阅读史研究这个新领域仍在不断吸引新的学者，尤其是年轻学者加入，足见其魅力之大。

基于此，时任广西师范大学出版社总编辑汤文辉先生在2019年专门致信，问我作为国内较早从事阅读史研究的学者，是否愿意主编一套译丛，遴选若干种西方学者的著作，以飨中文学界。对此，我与汤先生算是不谋而合，自然就答应下来，并围绕达恩顿和夏蒂埃初步选择了五种书目。有关工作大概在2020年展开，从联系版权到更换个别书目，再到联系译者和校对，加之疫情的影响，中间有太多的故事和曲折，所幸经过近三年的集体努力，这个译丛终于要推出了（达恩顿和夏蒂埃的著作因为没有获得中文版权不得不割爱，所幸拿到了关于达恩顿著作讨论集的版权）。感慨艰辛之余，还要感谢汤总编、译者和校对者，以及新民说的编辑们。相信本译丛的推出将有助于中文学界的阅读史研究者更好地借鉴它山之石，也更能反躬自省，从而作用于自身的研究实践。

前　言

《旧书新史》旨在形成一个方向，一种现场指导，来确认并理解书籍的历史和文化研究中的三种主要学术方法。这些方法是通过文学研究、目录学以及历史学来完成的；这些学科有着非常不同且有时相冲突的问题，但都聚焦于一种同时表现为书面文本、物质对象以及文化交易的现象——书籍。这本书主要写给两类读者，他们肯定会采取相当不同的方式来读它。我希望，过去二三十年来一直在该领域耕耘的人能从中受到启发，反思这样一个问题：如果沿着互相竞争和重叠的学科分界线来组织和描绘旧有的或者创新的理论方法，以及该领域迅速增多的作品，会呈现出怎样的景象？许多学生正通过一个又一个自觉地采用"学科间"或"跨学科"视角的讨论会被介绍到该领域中来。本书试图为他们提供一些基础，向他们展示这个主题的由来，并解释他们的老师或指定阅读材料的作者可能无意间采纳了哪些观点。我为所有读者提供了一系列书籍和文章，都围绕着我对学科的重要性的看法展开，但每本书、每篇文章都值得依其自身而被探究。

本书篇幅不长，也无意于博大。每一位读过的人都建议增加一些内容，通常是从他们自身的学科视角提出的。囿于我自己的经验和学养，此处被考察历史的**书籍**都属西洋书籍，而且除了偶有的例外，都是当代印刷书籍。同时，即便本书的学科视角是文学或目录学的，其立场仍然是历史学的。我希望有人能从其他社会科学视角来研究当代书籍文化，拙著斗胆为从历史学视角考察书籍史作殷切的辩护。

每本书都有各自的历史，而这本书开始于二十多年前，当时我同时取得了两个发现。第一个是欣喜地认识到，书籍史作为一种通往过去的方法，尤其适合像我这样的人，当时我已经重返历史学科，从奔忙于书籍和期刊编辑的工作进入到研究生阶段的学习。第二个则要痛苦得多，因为纠结随之而来：就在我得知为这门跨学科之学科撰稿的都是历史学家（比如纳塔莉·泽蒙·戴维斯［Natalie Zemon Davis］、罗伯特·达恩顿、伊丽莎白·艾森斯坦［Elizabeth Eisenstein］），而且还都非常杰出时，我发现，即便是一些主要大学的历史系，也不认为书籍史是一个必须涵盖的亚学科。我的同事和朋友组成了多伦多目录学小组（Toronto Bibliography Group），也是我非正式的书籍史研讨会；我们共同阅读的第一本书是D. F. 麦肯齐（D. F. McKenzie）的《目录学和文本社会学》（*Bibliography and the Sociology of Texts*）。待我1990年代初进入学术界，我已经学会称自己为"文化史学者"，因为**书籍史**仍然显得过于生硬、过于物质取向，或者文学色彩过于浓厚，以至许多院系都难以涵容。但自1993年以来，我在温莎大学的同事和朋友使我第一次意识到自己成为历史学家中的一员，并以全新的热情投入书籍史的研究与教学中去。

但学科界限的问题始终困扰着我。1995年，我给加拿大目录学会会议提交了一篇论文，过了五年，作者、阅读和出版史学会为纪念古腾堡诞辰（推测）周年而在美因茨举行会议，我在会上提交了另外一篇论文。爱丁堡大学图书中心的比尔·贝尔（Bill Bell）组织了一个小组，我以历史学家身份滥厕四位不同学科背景的学者之间，大家共同关注的问题是"书籍史在哪里？"我们原本计划将彼此不同学科视角的论文裒辑成书，但因其他任务的压力使得这个构想未能如愿。而今，那本想写的书（设想要写的书远比写成的多）中我那部分的稿子经过修订和增补，成为这本《旧书新史》。

在简要介绍了书籍文化研究这个领域及其三个核心

学科后，第一章《学科边界和跨学科机遇》，绘制了一个三角形，每个角代表一个学术领域。第二章《描绘跨学科图景》，在三角形中填入了文献例证。第三章《历史中书籍位置的几种模式》引用、讨论和批评了由罗伯特·达恩顿、托马斯·R. 亚当斯（Thomas R. Adams）和尼古拉斯·巴克（Nicolas Barker），以及彼得·麦克唐纳（Peter MacDonald）提出的图式和其他理论，并从詹姆斯·A. 西科德（James A. Secord）的书籍史和科学史的综合研究引出了一种新方法。

第四章《历史中书籍在哪里？》从学科三角转向历史学科本身，提出并回答了动因和过去文化中的交流的史学问题，关注书籍沿时空维度发挥作用并随着时间变化的历史。最后，第五章《跨学科观察：文本、印刷和阅读的易变性》得出结论，从所有三个学科的角度来看，书籍和印刷品文化研究给我们的启示是：文本会变，书籍易变，而读者制造了他们所需要的书籍。

关于注释我要提一句，我始终注意保持文本的平衡，避免因出现大段引用作品的内容，或者过多纠缠于专家感兴趣的问题，致使某一小节被压垮。此类材料已被整合在注释中，这构成了麦肯齐曾说的"名副其实的子文本"。

杰奎琳·默里（Jacqueline Murray）和詹姆斯·雷文（James Raven）令我在学术上受益匪浅，他们以不同的方式教我认识到成为一名历史学家是什么意思。其次是我在此项目上的研究助理尼克拉斯·霍姆伯格（Niklas Holmberg），他投入大量精力与智慧，来发现可能被我忽略了的书籍史研究模式和理论方法。大量学界同仁慷慨施援，逐字审阅了原稿：杰曼·沃肯廷（Germaine Warkentin）、扬妮克·波特布瓦（Yannick Portebois）、希瑟·杰克逊（Heather Jackson）、盖尔·切斯特（Gail Chester）、谢莉·比尔（Shelley Beal），以及珍妮弗·康纳（Jennifer Connor）。这份手稿由戴维·霍尔（David Hall，蒙他慷慨垂告尊名）、一位匿名审稿人，以及论文审查委员会的一位成员，为多伦多大学出版社进行了审读。这九位读者的评论意见都被吸收进了书中，裨益良多。多伦多大学出版社的吉尔·麦康基（Jill McConkey）从一开始就是本书坚定的支持者。这里我还要感谢威廉·阿克雷斯（William Acres）、尼古拉斯·巴克、比尔·贝尔、菲奥娜·布莱克（Fiona Black）、皮埃尔·布洛斯（Pierre Boulos）、琼·巴尔杰（Joan Bulger）、戴维·芬克尔斯坦（David Finkelstein）、帕特里西娅·弗莱明（Patricia Fleming）、珍妮特·弗里斯克尼（Janet Friskney）、朱丽叶·加德纳（Juliet Gardiner）、斯科特·格林（Scott Green）、罗斯玛丽·哈尔福德（Rosemary Halford）、T. H. 霍华德-希尔（T. H. Howard-Hill）、菲诺拉·赫尔利

（Finola Hurley）、伊万·拉蒙德（Yvan Lamonde）、马里·卢·麦克唐纳（Mary Lu MacDonald）、苏珊娜·马西森（Suzanne Matheson）、凯瑟琳·麦克伦（Kathleen McCrone）、戴维·麦基特里克（David McKitterick）、雅克·米琼（Jacques Michon）、罗宾·迈尔斯（Robin Myers）、克里斯滕·佩德森-丘（Kristen Pederson-Chew）、芭芭拉·波特（Barbara Porter）、巴里·拉特克利夫（Barrie Ratcliffe）、乔纳森·托珀姆（Jonathan Topham）、布鲁斯·塔克（Bruce Tucker）、戴维·文森特（David Vincent）、伊恩·威利森（Ian Willison），另外，还有温莎大学里参加我的书籍史课程的研究生和本科生们，学校的人文与社会科学研究基金提供了必不可少的资助。

最后，尼尔·坎贝尔（Neil Campbell）是勇气和洞察力的源泉，他是我认识的唯一真正的普通读者。我写的任何东西，他都是第一个读者，最后一个读者，也是最好的读者。

2006年于温莎

第一章　学科边界和跨学科机遇

　　这本小书向读者介绍的是书籍和印刷文化研究，在诸学科交汇而成之处，这项研究得以定位自身。它旨在帮助新手在该领域中找到自己的位置，并引发相关资深学者之间的讨论。[1]书籍文化研究涉及范围甚广，以至其本身就难以定向。它与各种形式和过程的文字传播有关。其从业者思考所谓"**书籍**"的接受、创作、物质存在和文化生产，只是因为缺乏更好的集合名词。书籍不限于印刷品（它包括手稿和其他书写形式），不限于手抄本版式（期刊和电子文本会得到考察，卷轴和书册也是如此），也不限于物质或书写文化。范围如此之广阔，界限如此之模糊，意味着没有人能在所有方面都是专家。事实上，对于许多从业者来说，他们对普遍性葆有的强烈兴趣始终伴随着因对特殊性的无知而生起的不安。正如我的一个学生总结说，"书籍就是一个变形者"，难以定向的状态可能令人既愉快又不安，既令人陶醉又能改变人的思想，既具创造性又令人疑惑。或许正是因为这种情况，有学者认为"读者在拿起一本书之前，需要站好一个位置。"[2]

我们所站的位置之一就是我们的思想在其中接受训练的学术规训。

汇聚在书籍和印刷文化研究上的三个核心学科是历史学、文学研究和目录学——它们分别把书籍当作文化交易、文学文本和物质制品来研究。[3]跨学科方法综合了这三者，每个核心学科都联结着一个或多个相关研究领域。因为所有这些学科都坚持自己的理论假设和方法论实践，并且随着新一代学者挑战他们的前辈而发生变化，因此才导致跨学科研究难以定向。所有这些学者都为描述围绕书面文字的传播和文化联系做出了贡献。这样的叙事讲述了共同体中人们的故事，他们在时空上毫无交集，却因共同阅读某本书或其他文本——可能是整个流派或作者的全部作品——的共同经历而微弱地联结在一起。毫无疑问，共同的阅读体验在很大程度上由撰写文本的个人（或合作群体）所塑造，但作者显而易见的首要地位可能会掩盖一个更复杂的现实。书籍文化研究寻找读者和作者之间的联结组织，并对关系提出问题。是谁激发了这种书的创作，谁介入并改变、扭曲和修正了文字和物质形式（后者反过来影响了那些用它塑造自身世界观的人）？那些依靠生产、推销这种人工制品，或者靠在图书馆排布它们谋生的人呢？贸易机制的知识有助于我们弄清楚读者的动机吗？是否有可能更接近那些为了达到自身目的——政治变革或物质利益，民族认同或私人慰藉，或激发智识、精神、审美、感官或其他方面趣味——而利用这种书的我们祖先之思想？我们能否找到一种方法来识别那些最初并不被我们视作书籍的东西的"书卷气"？书籍文化研究运用广泛的学术和学科方法，试图回答这些问题。

尽管书籍文化的跨学科研究在21世纪初才蓬勃开展，或许是因为此类课程和项目已经在大学中流行开来，但对该领域的学科命名仍然充满争议。**书籍**通常被视为一个陌生的抽象术语和集合名词，被确定为一种现象，如同一个民族或一种观念，具有可追溯的过往。就像社会阶级一样（在E. P. 汤普森［E. P. Thompson］的著名构想中），书籍与其说是一个类别，不如说是一个过程：书籍会发生；书籍发生在阅读、复制、传播和创作它们的人眼前；而它们发生为（碰巧是）很重要的。[4] **书籍**可以成为变革的力量，而**书籍史**记录了这种变革。这种强大的用法源自法语（l'histoire du livre），把那些说英语的人的耳朵震得嗡嗡作响。既然作为概念的阅读和写作，其历史意味着过程而非物体，以这种新的方式来看待书籍，也就同时囊括了阅读和写作，也就进一步需要考察连结它们的生产和分销机制。

最常用的术语是**书籍的历史**（或简称为**书籍史**）。最近有人指出，"这个标签有些误导性，因为在这种情况下，'书籍'几乎可以指代任何类型的文本：非书籍和书籍，写本和印本，非文字的和文字的。"[5]书写和阅读的历史向后和向外延展，远远超过了15世纪欧洲引入活字印刷的时期；但对于那些兴趣点集中在西方后古腾堡时代的人来说，最具说服力的术语是**印刷文化**，它整合了印刷文字内容的物质性质及其文化背景。它同等重视报纸、期刊这类时效性出版物和那些外形结实、装订规整的书籍，并给予广告与经典文本同样多的关注。但印刷文化有其自身的时间限制，不仅忽视了自古以来手稿的生产和流通，也忽视了接受电子文本所蕴含的智识问题。有时候，书籍的这种条件性本质表现在将书籍分解为其构成过程中，表现在言谈中，而非一种关于作者身份、出版（包括书籍销售和馆藏）以及阅读的历史中。那些希望既思考现在也思考过去，既思考物质问题也思考抽象问题的人，发现"历史"和"文化"这两个词同样棘手，因此更喜欢谈论"书籍研究"。[6]

实践问题也与书籍和印刷文化学术研究的跨学科政治相关。正如辛迪娅·克莱格（Cyndia Clegg）所说："一个跨学科的学科造成了一些难题。"[7]正如我们将看到的，至少在北美的许多大学，书籍史不是历史系的科目。在英语系和其他语种的某些科系中，来自文学本身和文学理论的抵制可能会使该研究看起来毫无根据，其从业者也因此不受人待见。传播学研究和类似项目可能集中在广播媒介方面，几乎没有人投入时间，或者有院系专家进入到对书写文字的研究中。另外，一些文化研究方法对书籍文化学者所致力的实证主义热忱感到不耐烦。学生和老师都需要有一个地方，他们在那里，通过罗伯特·达恩顿（Robert Darnton）曾说的"眼中的光芒"，以及一次隐喻的秘密握手，就能认出彼此。[8]

没有一个术语是完全正确的，即便是**书籍文化研究**，因为我们所从事的研究会打破常见的定义，撕碎司空见惯的形象。众所周知的抄本形式的书写文本（由1982年《简明牛津词典》[*Concise Oxford Dictionary*]定义为"便携式写本或印本，由许多纸张固定在一起，纸张通常用线或者胶绞合在一起并装在封皮里"）似乎成为完好无损地保存下来的最具体的人工制品之一。但是，学生们学到的第一课就是不要盲目相信表面上不变或者固定的"书籍的自然状态/本质"（nature of the book）[9]。无论是手写的、印刷的还是数字化的，书籍表面坚实的物质性掩盖了其可塑性的特征，这是使它有趣的原因。尽管必须承认，书籍矛盾的本质也使得对它的研究成为一项更为严格、要求更高、更具竞争性的人文事业。

书籍文化研究者发现,他们常常需要为自己的工作辩护,应对那些宣布书籍已死的人。这种草率的声明有时是从罗兰·巴特(Roland Barthes)和米歇尔·福柯处获得灵感,前者谈到作者之死,后者的研究使书籍作者的人格笼罩上了一层疑云,并且间接暗示说,去问读者对书籍做了什么,和去问书籍作者的意图是同等合理的。[10]另一个方面的批评在那些计算机和互联网爱好者的尖锐说法中得到了阐述,后者坚持认为,一种他们自己毫无兴趣(也知之甚少)的媒体将会被新技术取代,而无视了存在数千年的实践和习惯、学术和经验。爱书之人被迫采用这种类似于虚假广告的防御性幽默:"一项重大技术突破!!!——一种内部组织有序的新知识设备,它就是'书籍'。"[11]

学术界的爱书之人找到了自己的反击方式。书籍远非某种过时而沉闷的形式,它是对人文主义想象力的挑战。麦肯齐就发现,"我们脱口而出称为'书籍'的东西是比'物质对象'一词的内涵更狡黠因此也更难以捉摸的动物。"[12]书籍史的学术潜力(这是就其狡黠又难以捉摸的性质的乏味说法)并非不言自明的。书籍文化研究需要得到捍卫,这个认识对分析其边界张力是一个好的起点。毕竟,为什么任何学科的学者都可以对印刷品的各方面提出质疑,反倒对这个司空见惯的现象几乎视而不见了?

大多数历史学家,就像几乎所有学术界人士那样,都对书籍有双重的工作定义,视其为正统思想和现成信息的便利来源,并且同样便利的传播新思想、新信息的理想载体。倘若书籍是我们自己的,这种便利性就会被放大。如果我们拥有一份抄本,无论是单纯的拥有,还是特殊意义上的收藏,我们都能够自由地查阅,可以在书角边白处随意批注涂抹,像战利品一样摆放,出售,出借,或送给他人。即便是最普通的学者,也拥有一批由其同行撰写或者编辑的参考文献和重点专著,以备查阅。如果我们主张作者身份,我们就在另一种意义上拥有了此书。对于学术作者来说,一本书的出版是潜心研究和缜密分析的结果,先提炼出一个独特的文本,再增量分销。在人文学科学者那里,至少有一本由知名学术出版社出版的书籍摆放在个人简历里最显著的位置。尽管现在有了互联网,一本排版复杂和经过多重论证的书仍然是我们最为看重的学术传播方式。但是,几乎和所有人一样,大多数学者都视书籍为理所当然,即便是我们自己所写的。研究书籍文化的学生既考察当代的活动,也考察过去的,他们提醒同代人注意,书籍和其他媒体一样是物质、商业和文化制品,只是碰巧承载了他们正在阅读的文本。

学科边界和跨学科机遇

1982年，罗伯特·达恩顿在其著名文章中总结了书籍史研究的特点，即"混乱的跨学科性"。几年以后，约翰·萨瑟兰（John Sutherland）表示，出版史缺少了"具有约束力的理论连贯性。"他说："它就像地域上的巴尔干，一有机会，就会被历史学、目录学、经济学、社会学、文学批评、图书馆学占领。"最近，米歇尔·莫伊伦（Michele Moylan）和莱恩·斯泰尔斯（Lane Stiles）在所编《阅读书籍》（*Reading Books*）的导言中发出了同样的论调，称书籍史为"忽视了方法论和理论界限"的领域，而克莱格想知道"强调书籍史的学科问题，是否有些无谓"。[13]狂乱的跨学科性，易被占领的地域，富有争议或缺乏防御的边界——关于冲突的语言有趣，也令人不安。或许，经过近二十年生机勃勃的学科实践，是该检讨一下当下的情形了。一个能够促成外交谈判，而非引发社会动荡的更温和的比喻，可能更为有用。如果书籍文化研究能成为方法与理论严谨的实践就再好不过了，为此需要关注一下它所越过的边界。构成书籍文化史研究核心的三个人文学科——历史学、文学和目录学——可以被概念化为三角形上的点，如图1所示。

虽然历史学曾被视为人文学科的女王，但它在图1中

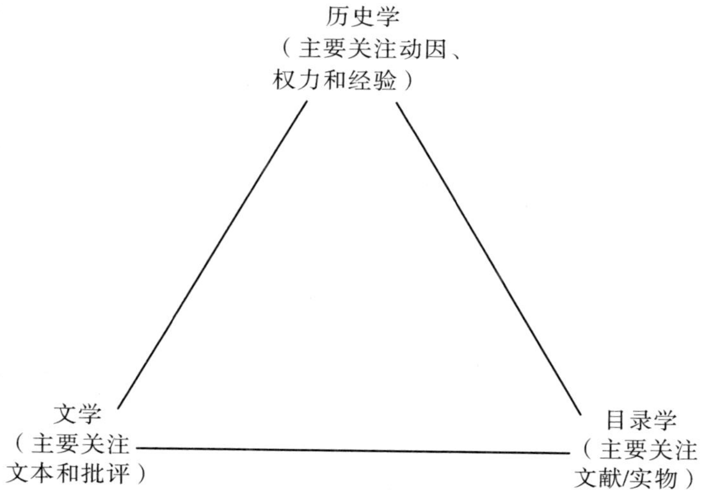

历史学
（主要关注动因、
权力和经验）

目录学
（主要关注
文献/实物）

文学
（主要关注
文本和批评）

图1

所处的三角形顶部的绝对地位并不是要宣示一种首要性，即使在平等关系中也是如此。这是一个可以旋转的三角形，它关乎认识角度，而非首要性或者优越性，并且它关注的是特定项目和特定方法在何处交叉的问题。三角形的左侧显示了任何一年级人文学科学生都知道的历史学和文学之间的差异：用最粗略的术语来说，一个是关于一般事件的，另一个则是以书面作品形式记录下来的某一组特殊事件。历史学家利用文字和其他证据作为一手资料，来构建对过去事件的二手描述，而文学学者关注的是艺术品，用杰罗姆·麦根（Jerome McGann）的话来说："重新创造——他们'登上舞台'——一个重要的人类交流和对话的世界。"[14]

文　学

作为理解人类状况的方式，过去和现在的文学研究是通过阅读文学文本和学习批评技巧来进行的。尽管文学经典这个概念在近年受到了质疑，但文学专业的学生仍然阅读、讨论，并在帮助下去理解一系列文字作品，其中每部作品都构成其所代表的某个流派的一部分，并在一个影响和用典的网络中占据一席之地。学生应当熟悉他们的文化所界定的伟大作品，就如常言所说的"从贝奥武甫到伍尔夫"。但是抽象的作品（或文本）无法脱离使它们得以呈现、被利用和延续的物质形式。

多年来文学研究的各种趋势或多或少都重视文学文本的文化背景。在1950年代和1960年代的新批评主义时代下从事文学研究的人无意考察任何外部影响，而当代学者对文本的物质性和文化特性的兴趣营造了一种非常不同的氛围。后一种方法的表现之一被令人困惑地称为"新历史主义"，尽管它与大多数历史学家以研究为导向的活动几乎没有关系。[15]类此种种思考文学文本复杂性的方式在格里瑟姆（D. C. Greetham）的《文本理论》（*Theories of the Text*）一书中得到了讨论。[16]

历史学

在历史学研究和历史学课程中，同样广泛的人文维度是依据不同的问题意识来达到的，如同妙语"从柏拉图到北约"所说，其演变轨迹在一个特定位置上依据时间顺序移动。卢德米拉·乔丹诺瓦（Ludmilla Jordanova）在《历史实践》（*History in Practice*）中指出，历史学根本不是知识体系，而是"一种具有多种含义的抽象概念"，它可以按年代、地域、意识形态或主题表现出来。[17]历史学的学生学习去思考在一个特定地区发生了什么，或者一个特定群体遭遇了什么；他们思考这些事件为何重要，以及事物怎样随着时间发生变化。近年来，那些因时而变，进入专业史学家考察视野的"事物"有所增多，不再局限于政治问题——制度和法律、战争和革命。伟人的领导也不再被暗中推崇为历史变革的推动力量或动因。研究者已经扩大了该学科对过去的关注范围，以囊括社会阶层和性别的问题，以及种族、民族和国家认同的问题。因此，学生可以修习德国或欧洲的历史、哥斯达黎加或美洲的历史、非裔美国人史、妇女运动史或中世纪性史等课程。文化历史学家朱迪思·瓦尔科维茨（Judith Walkowitz）界定了"历史学家通常感兴趣的分析类别：权力、动因和经验"[18]。在对维多利亚晚期伦敦的性和暴力的研究中，她展示了如何利用这些类别来处理社区中的人际关系。作者史、出版史和阅读史也可以很好地利用这些相同的分析类别来处理其他类似的文化竞争场景。

卢德米拉·乔丹诺瓦将文化史界定为当代史学家目前试图书写"整体历史"或"总体史"（histoire totale）的两种形式之一，即设立一个框架，来撰写对过去一个或短或长时期的粗线条但准确的叙述。另一种是传记，乔丹诺瓦在《历史实践》中建议："用一个人作为分析单位，是在采用一种非常特殊的历史方法，它强调个人的动因，而将主体视为各种历史力量的交汇点，把人一生的时间跨度作为一个自然时段。"当被分析的人是作家或读者时,检查他所处的书籍文化将成为传记的重要元素。乔丹诺瓦继续说,文化史"显示了对历史形式的渴望,这种历史形式重建了制约所有人的经验和要务的范围"[19]。书籍史中一些抱负远大的研究实验同样在物质文本中发现了一个各种历史力量的交汇点。例如,詹姆斯·雷文的《伦敦书商和美国顾客》(*London Booksellers and American Customers*)"将文化史的概念视为过去思想和活动的总和,而不是社会史的剩余范畴"。詹姆斯·西科德的《轰动维多利亚时代》(*Victorian Sensation*)"将一种对自然的进化论描述引入公共辩论,来了解从阅读的角度探索一个重大的历史事件会发生什么"。[20]

目录学

学生可能必须等到进入图书馆与信息研究的项目,或者在做文学的毕业论文时,才能接触到书籍-历史三角形的第三个点,该学科关注的是作为物质对象的书籍。即便在这个时候,也只有少数幸运儿会进入目录学研究,其重点是书写文本的保存和传递。[21]这里的演变轨迹是从卷轴到手抄本(可能还有电子文本),以及从写本到印本。几乎每种早期印刷书籍的每一份都是独一无二的,即使同一版本彼此也或多或少有所不同。目录编纂者，无论是古书商贩、图书管理员还是学者，都知道如何解读书籍所包含的证据及与之相伴的文本。当文本要紧时，这些不同的版本和对其成因的学术推断就可以用来解决文本权威性的问题。当读者要紧时，重点就转移到重建他对页面设计和书籍材质的体验，以及在流经多人之手的书中，那些留在页边或者扉页上的奇特标记。当印刷商或出版商要紧时，证据就要从生产模式里寻找了，小到造纸厂的水印和油墨的化学成分。有时候，要弄清这些难以理解的面向的其中之一，唯一的方法是靠调查另一个面向留存下来的证据来接近它。在极少数情况下，书籍之外也存在一些文献证据。但即使没有信件或账簿，过去的文化仍可仅依赖书籍得以重建。

随着19世纪初期向机器印刷的过渡和其他新技术的采用，生产模式变得更加有规律了。而且无论何时重印书籍，在保持书籍封面和其他材料不变的前提下，对书籍做出甚至有时是大幅度的更改，不仅可能而且已司空见惯了。与手工印刷时期一样，这些差异是可以揭示当时思想的重要证据。同样的目录学技巧还有：仔细审视多个复本，留意其变化。其中一个例子就是赫伯特·斯宾塞（Herbert Spencer）于1873年出版的影响深远的《社会学研究》（*The Study of Sociology*）。这本书先后由亨利·S.金（Henry S. King）和凯根·保罗-特伦奇出版公司（Kegan Paul, Trench）在国际科学丛书中出版，总销量达到了惊人的26330册，分期连续印刷，每期1250册。尽管文本上了铅版并保持不变，但出版商允许斯宾塞修改注释：他伺机"和威廉·尤尔特·格拉德斯通（William Ewart Gladstone）开展了一场尾注之战，后者曾在公开演讲中反对该书结尾一章诽谤基督教，并将演讲付梓"[22]。

为了强调将书籍概念化为（物质）对象，与将书籍概念化为（文学）文本或（文化）交易之间的区别，引用托马斯·亚当斯和尼古拉斯·巴克研究书籍时所用的术语很有助益。书籍是"一种目录文献——某种被印刷或书写为多个复本的东西，其行动者为公众消费而生产，不管是作者、文具商、印刷商或出版商，还是上述的任意组合"。[23]这是历史学家关于动因的类别（尽管明显缺失相关的权力和经验类别）。"文本"也很少出现在这个定义中，阅读公众或更广泛的文化被冠以一种被动的措辞（"为公众消费"）。亚当斯和巴克的行动者是使用钢笔或活字的人，他们利用墨水，在纸张或羊皮纸上写下文字，这些东西留存下来被人研究。因此，对于目录学家来说，首要的关注点是文献，或者是作为物质对象的书籍，书籍赖以出现的社会语境则退居幕后。

目录学学生学习分析、描述一本书的技巧，是要能识

别书中独特的标记,这也是制作者留下来的痕迹。正如麦肯齐所说:

> 通过研究传递这种事实和接受的物质证据,(历史目录学)能够取得一些发现,而非发明某些意义。在关注主要对象,即作为一种记录形式的文本时,它限定了我们的任何历史或批判事业的共同出发点。通过摒弃书目描述详细程度递减(degressive bibliography)的概念(这关涉找到一个文学文本的抽象理想版本),并记录下**所有**后面的版本,目录学仅凭自身的综合性逻辑、无差别的包容性,证明了新读者当然会制造新文本,而它们的新意义是其新形式的一项功能。[24]

目录学的综合性逻辑和无差别的包容性是极其强大也非常特殊的,而且(就像历史学和文学研究的强大逻辑和特殊方法一样)对于外行人来说很难把握。

注 释

1. 读者如果想了解更多有关书籍和印刷文化研究的进展的信息，推荐关注作者、阅读和出版史学会（SHARP）的活动，其网址为：www.sharpweb.org。《书籍史读者》（*The Book History Reader*）是由戴维·芬克尔斯坦和阿利斯泰尔·麦克利里（Alistair MCleery）于2002年编辑的，他们在2005年还出版了《书籍史导论》（*An Introduction to Book History*）一书。"书籍史在线"的网站可以在www.kb.nl/bho上找到。
2. Rabinowitz, *Before Reading*, 2.
3. 关于历史学家的书籍史和文化交易史之间的联系，参见Leslie Howsam, "Book History Unbound"。
4. Thompson, *The Making of the English Working Class*, 9–11.
5. Michele Moylan and Lane Stiles, eds, *Reading Books*, 3.
6. Jonathan Rose, "The Horizon of a New Discipline".
7. Clegg, "History of the Book", 223.
8. Darnton, "What Is the History of Books?" *The Kiss of Lamourette: Reflections in Cultural History*, 108.
9. 有关双关语的标题，参见Adrian Johns, *The Nature of the Book*；关于固定性，亦见Johns, "AHR Forum: How to Acknowledge a Revolution", 106–125，下文有讨论。
10. Barthes, "The Death of the Author", *Image-Music-Text*, trans. and ed. Stephen Heath (London: Fontana, 1977), 142–148.

Foucault, "What Is an Author", *Language, Counter-Memory, Practice: Selected Essays and Interviews*, ed. Donald Bouchard, trans. Donald Bouchard and Sherry Simon (Ithaca, NY: Cornell University Press, 1977), 133–138. 对这两位作者作为作者的评论，参见Juliet Gardiner, "Recuperation the Author", 255–274。

11 关于书籍笑话的完整文本很容易在互联网上查到，一般无署名。它的出现似乎在电脑发明之前，参见R. J. Heathorn, "Learn with Book", Punch (9 May 1962)，重印于Phillip J. Hills, ed., *The Future of the Printed Word* (London: Greenwood Press,1980), 171–172。

12 McKenzie, "The Sociology of a Text: Orality, Literacy and Print in Early New Zealand", 334.

13 Darnton, "What Is the History of Books?" in *The Kiss of Lamourette*, 110; Sutherland, "Publishing History: A Hole at the Center of Literary Sociology", 576; Moylan and Striles, eds, *Reading Books*, 3; Clegg, "History of the Books", 237. 从莫伊伦和斯泰尔斯著作的导言中抽取出来的这段文字很有帮助："无论过去还是现在，书籍史不但包括文化史，也包括了物质和经济史、目录学和文本批评、业余的古物癖，以及档案编辑。如果书籍史在未来要保持其生命力，它就必须继续吸收这个大范围的学术活动，并从中获益。书籍史尤其必须强调实体书籍，以及其文化创作，把图书业视为一种经济、社会和文化制度来研究。书籍作为物质制品，最终就

像是试金石，我们必须依靠它来检验我们抽象的文化理解和理论，测定其含金量的高低。"（viii）

14　McGann, "Visible and Invisible Books", 147.

15　对于历史学家颇不情愿应付关于"新历史主义"的文学概念的评论，参见David Allan, "Some Methods and Problems in the History of Reading"。亦见Hayden White, "New Historicism: A Comment", in H. Aram Veeser, ed., *The New Historicism* (New York: Routledge, 1989)："（新历史主义者）理解历史背景本质的方式从总体上得罪了历史学家。对新历史主义者来说，历史背景是'文化体系'。社会机构和活动，包括政治，都被视为这个体系的功能，而非相反。因而，新历史主义好像建立在应被称为'文化主义谬论'的东西之上，这给它打上了一种历史唯心主义的烙印。"（294）。

16　格里瑟姆的《文本理论》对于学习任何有关书籍史的学科，并希望能理解这些学科之间在文本研究和文本编辑上的相互关系的学生来说都很重要。他在序言中说："因此我的文本理论就是关于写作和阅读的理论，是关于意图和接受的理论，是关于传递和讹误的理论，是关于原始观念和社会消费及变异的理论。我的书也记叙了有关这些多重过程产生的对话性、多元性和矛盾性——不是一个理论，而是关于文本的许多理论。"（1）

17　Ludmilla Jordanova, *History in Practice*, 58.

18　Judith Walkowitz, *City of Dreadful Delight: Narratives of Sexual Danger in Late-Victorian London* (Chicago: University of Chicago Press, 1992), 8.

19 Jordanova, *History in Practice*, 41–42. 然而，一本书的传记或者"书籍-传记"可能过分强调了这个隐喻。詹姆斯·西科德强调，书籍"没有独立于其用途的'生命'"。*Victorian Sensation: The Extraordinary Publication, Reception, and Secret Authorship*, 2.

20 Raven, *London Booksellers and American Customers*, xviii. Secord, *Victorian Sensation*, 518.

21 有关介绍参见Philip Gaskell, *A New Introduction to Bibliography*。亦见G. Thomas Tanselle, *Literature and Artifact*。

22 Leslie Howsam, "*An Experiment with Science for the Nineteenth-Century Book Trade*", 202.

23 Adams and Barker, "A New Model for the Study of the Book", 13.

24 McKenzie, *Bibliography and the Sociology of Texts* (1986), 19–20.

第二章 描绘跨学科图景

许多项目——参与者将自己界定为书籍和印刷文化的研究者——都可以被放在学科三角形内的某个区域。图2给出了一些例子,当然并不全面。

历史学/文学

当历史学家从事文学分析时,结果可能是一个文化史项目。在讨论文学研究(包括文学史研究)和历史学研究关系时,卢德米拉·乔丹诺瓦评论说:"文化的力量不在于作者,而在于他们的产品,这使得对作者的称呼和谈论具有误导性,因为作者没有,也不能决定或控制其产品是怎样被阅读和使用的。"[1]这个对当代学术环境中历史学实践的评论,很可能被当作基本原理援引,由此把书籍史用作文化史的方法论。一个很好的例子是司格特·E.卡斯帕

(Scott E. Casper)的《构建美国生活：十九世纪美国的传记和文化》(*Constructing American Lives: Biography and Culture in Nineteenth-Century America*)。卡斯帕在书中"想要恢复美国人的传记经验，而非仅是一种被忽视的体裁"。这种恢复的一部分是"给出一种关于体裁的文化史的模样"，甚至"将真正的读者引入到这种关于体裁的话语中"。[2]

另一种文学/历史学方法是文学史本身。正如戴维·珀金斯（David Perkins）所说，文学史不同于历史本身，因为它"也是文学批评。它的目的不仅仅是重建和理解过去，因为它还有一个更为远大的目的，那就是阐释文学作品"[3]。一些文学史家将其研究视野限定在作者身份问题上，其他人则涵盖了对物质文化的考虑，正是在这样的物质文化中，这些作品才出现并被利用。玛格丽特·J. M. 伊泽尔（Margaret J. M. Ezell）在《女性作家文学史》(*Writing Women's Literary History*)一书中表明，与弗吉尼亚·伍尔夫虚构的饱受争议的朱迪思·莎士比亚的形象相反，"17世纪的女性确实加入了文学界"，但她们的作品只是以手稿的形式在小圈子网络中流传，有别于当代的印刷文化。[4]

正如我们所看到的，印刷文化是一个强大（尽管充满争议）的概念。[5]1998年出版的文集《多元化美国的印刷

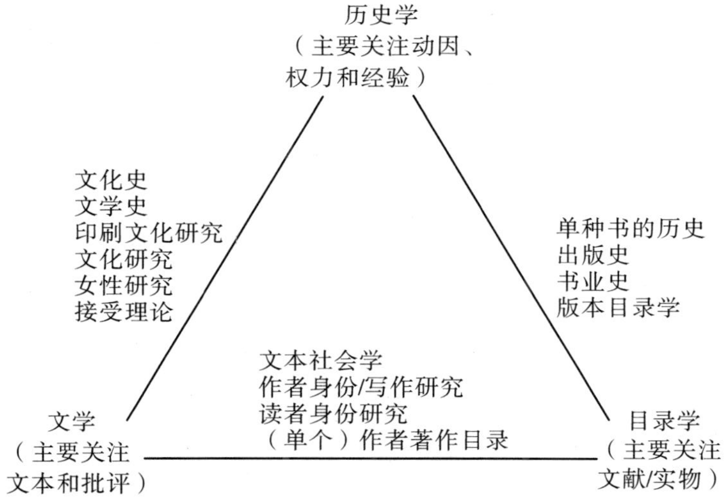

历史学
（主要关注动因、权力和经验）

单种书的历史
出版史
书业史
版本目录学

目录学
（主要关注
文献/实物）

文本社会学
作者身份写作研究
读者身份研究
（单个）作者著作目录

文化史
文学史
印刷文化研究
文化研究
女性研究
接受理论

文学
（主要关注
文本和批评）

图2

文化》(Print Culture in a Diverse America)汇集了一系列对这个在民族、种族和性别方面多元化的国家的研究，作者们研究印刷文化史的几种方法和工具恢复了对被遗失和忘却的印刷的文化记忆，主要是与非裔美国人、妇女、移居者和移民等群体相关的报纸或其他期刊，有时也包括书籍。[6]印刷文化也可以从读者的视角得到恢复，或者就像乔纳森·罗斯（Jonathan Rose）所称的"观众"。罗斯在他的《英国工人阶级的智识生活》(The Intellectual Life of the British Working Classes)中说，当劳动者写下自己的历史（比如自传）时，他们其实广泛地记录着自己的阅读体验。19世纪和20世纪早期英国的自学者文化是一种印刷文化。[7]在梅雷迪思·L.麦吉尔（Meredith L. McGill）最近出版的一本非常有趣的书《美国文学与再版文化（1834—1853）》(American Literature and the Culture of Reprinting, 1834-1853)中，我们了解到，内战前的费城、纽约和波士顿除了有印刷文化外，还有"繁盛的廉价、再版英国书籍贸易，因为不受版权约束，它们以具有竞争力的、地方化的版本形式，在全国范围内实现了出色的发行量"。她并没因为这些书不是美国人所写就忽略它们，而是表明它们是美国人阅读的，并认为"价格低廉的再版书籍数量的激增，以及图书业对期刊出版的依赖，都重整了作者、出版商、编辑和读者之间的关系，颠覆了书籍种类的等级制度,并且扰乱了文本-物体的边界"。[8]

文化研究和女性研究也出现在这个三角形的轴上,尽管它们也与其他学科交叉,特别是社会学和人类学。它们代表了所谓的当代书籍史,包括通俗阅读群体和网络图书销售这类现象都是研究的主题。[9]贾尼丝·拉德威(Janice Radway)的重要研究《阅读浪漫:女性、父权制和通俗文学》(*Reading the Romance: Women, Patriarchy and Popular Literature*)最初被视为对女性主义社会学的贡献。这项研究采访并严肃考察了1970年代后期从浪漫小说那里获得并寻求慰藉的美国女性,并用女性主义理论解释了她们从读书中感受到的乐趣。

当文学评论家遇到历史学科时,他的研究项目可能侧重于接受理论(Reception Theory)。[10]戴维·艾伦(David Allan)描述了接受理论家提出的问题:"文本的影响不是在被创作的那一刻决定的,而是在它被阅读时所处的不同语境决定的吗?它的智识和文学意义可能是读者和观众,而非作者创造——或其至再创造的吗?怎样的考虑可能会影响读者对特定文本含义的建构,或者重建?"[11]其他学科怀疑找到"文本中的读者"的可能性,这里引用了一部重要文集的标题:我们已经看到麦肯齐说,目录学"能够取得一些发现,而非发明某些意义",同样也有别于把文本透露出的、作者想象中的读者理论化。一些学者更愿意寻找有关读者反应的现存档案证据,而不是诉诸理论。认为是读者在某种程度上制造了由作者创造的文本的意义,而非作者完全决定了读者所遇到的书籍的意义,这是令人既不安又兴奋的想法。

文学/目录学

用三角形的第三点来定位历史和文学,一个很好的起点是罗杰·E. 斯托达德(Roger E. Stoddard)做出的惊人断言,他说:"无论作者做了什么,他们都**不是**在写书。书根本就不是写出来的。它们是由誊写员和其他工匠,由机械师和其他工程师,以及由印刷机和其他机器生产出来的。"[12]文学作品的目录学研究已经检验和比较了一些文学文本的不同物质表现,包括西方的主要经典作品。像莎士比亚这样的重要作家,却没有留下任何东西可供验证其言语意图,除了一些自相矛盾的手工制品——人们就强烈地想从物质对象退回到作者意图。这样的工作可能是零碎和不确定的,但它是我们今天研究和表演的许多文学作品的学术基础。[13]

就文学和目录学之间联系的问题,最引人注目的也许是麦肯齐把目录学定义为一门研究"文本社会学"的学科。目录学家关注书籍的物质性和特殊性,将文学和其他文本置入它们的社会语境中。一篇有关新西兰早期读写能力和印刷的著名论文说:"目录学家的职责是向编辑(和历史学家)展示,对那些**能够**阅读书籍的全部标记,并因此重现其制作和阅读的历史动态的人来说,一本书的物质元素所能提供的对人类行为的描述有多丰富。"麦肯齐指向了一种目录学和文学研究的新关系。[14]这是一种语境研究法,标志着"从作者意图和文本权威性问题转向作为经济和政治动机的传播和读者身份问题,以及作为文化史重要来源的文本与社会互动的问题"[15]。麦肯齐翻转了目录学和文学研究的关系,并在此过程中为书籍研究的历史和文化方法开辟了一席之地。

与此类似,米歇尔·莫伊伦和莱恩·斯泰尔斯在他们合编的《阅读书籍》的导言中认为:"在我们阅读书籍时,我们的确是在阅读**书籍**——也就是说,我们阅读的是书籍的物理性或物质性,及其与文本本身的关系。"他们和文集作者们继续探索"物质性与意义、书籍与文本的关系"。他们认可卡西·N. 戴维森(Cathy N. Davidson)的早期贡献,其1989年的作品《阅读在美国:文学和社会史》(*Reading in America: Literature and Social History*)为那些想要将文本之中与之外的世界联系起来——实际上是重新联系——的学者提供了一个模型,这些联系的途径是书籍本身,它们以不同的形态和表现形式对它们所承载的文本的历史进行着编码。[16]

在对小说、诗歌的作者及创作的研究中，存在着另外一种情况：文学不是单纯的文学，目录学也不是单纯的目录学。在这方面，对维多利亚时代英国的研究尤其丰富：罗伯特·L. 帕滕（Robert L. Patten）1978年的研究《查尔斯·狄更斯及其出版商》（*Charles Dickens and His Publishers*）现已被公认为该领域的奠基性文本，较新的作品包括杰罗姆·麦根和彼得·施林斯伯格（Peter Shillingsburg）的作品。[17]

读者身份研究（如印刷文化研究）与接受理论的不同之处在于，它更可能到材料文本的页边、她的日记，或他的摘录本中去寻找读者的笔记，而不是在文本中辨识出一个理论化的读者。戴维·艾伦在以苏格兰启蒙运动为背景的阅读史论文中雅致地阐述了核心问题：

> 对于历史学家来说，仍然有一个特别令人不安的想法：他们用来重建过去的如此多的证据，更宜于描述去世已久的人的行为，而不是告诉我们，他们为什么以及带着多少洞察力去实施这些行为。历史学方法经常看起来像一则改编过的古老格言，一个人可以牵马到水边，却不能强迫它喝水；虽然可以描述马是怎样被牵到水边的，但

> 那个人仍会想知道,当马拒绝喝水时,脑子里在想些什么。……只有……直接接触书籍——对书籍的实际消费,而非单纯形式上的所有权——所留下的零碎和非常分散的证据才能有力地证明读者自己的经验,因为他不仅拿到了,而且……"占据"了文本。

戴维·艾伦提出了一个令人信服的案例,证明"摘录本作为阅读史资源的潜力——甚至可能作为一部观念社会史的资源"。[18]

阅读史和观念史的另一项丰富资源是在书籍的页边找到的,是读者记录下的即时反应。H. J. 杰克逊(H. J. Jackson)已经展示了这些记录是多么广泛和具有启发性。"一种过去被认为可以忽略不计的写作形式"现在对于杰克逊等文学学者来说至关重要,他们都对"阐释和阐释过程,以及无论个人读者,还是随着时间推移形成的大型读者团体"充满兴趣。[19]

威廉·圣克莱尔(William St Clair)所著《浪漫时代的阅读国家》(*The Reading Nation in the Romantic Period*)是新近一部雄心勃勃的阅读史著作,尽管其侧重点有所不同。他的"阅读国家"是指英国,而"浪漫时代"大约是1790年到1830年。论述围绕一种文学经典的创作、管理和发布而展开，向前回溯到卡克斯顿（Caxton），向后延伸到20世纪。圣克莱尔提供了一组环环相扣的假设："若要便于理解和探寻阅读对心智可能产生的影响，我们就要追踪有历史的阅读；若要追踪读者身份，就要追踪图书的获得；若要追踪图书的获得，就要追踪价格；若要追踪价格，就要追踪知识产权；若要追踪知识产权，我们就要追踪图书行业与国家之间变化的关系。"[20]其他学者已经强调了价格对读者获取图书的重要性，圣克莱尔强调的是知识产权的重要性。

最后，也更为传统的是，作者目录学在这里也出现了。同一位作者（有时是同一个作者群）的作品是分析的重点。目录学家按照作品的标题和日期把它们列出来，小心翼翼地区分各种版本，并给予准确的描述。那些经典作家的作品已经被袤辑至学术规范的水平，被认为值得庋藏，因此经常会成为目录学的主题。丹·H. 劳伦斯（Dan H. Laurence）已经阐释了那种可以通过比较后续版本与初版的区别程度来获得的文学和政治知识。例如，萧伯纳第一版的收藏者将丧失——

> 以下阅读乐趣：萧伯纳小说《孤僻的社会主义者》（第二版）中主人公西德尼·特雷弗西斯写给作者的嘲讽揶揄的书信；《凯撒和克莉奥

佩特拉》的另一序幕；《英国佬的另一个岛》自治版本的充满论辩的序言；《完美的华格纳》中新增的一章，及其德文版第一版的重要序言；对《易卜生主义的精髓》中易卜生最后四部重要戏剧的评述；以及《智慧女性指南：社会主义和资本主义》中关于苏维埃主义的章节。此外，可怜又蒙昧的灵魂，唉，永远不会知道伊丽莎·杜立特会嫁给弗雷迪。

劳伦斯展示了如何将一份目录编织成为"一幅独特的挂毯：编织成工作室、印刷厂、书店里某位作者的目录肖像"。[21]尽管一份多个作者的目录无法像劳伦斯对萧伯纳，或理查德·L.珀迪（Richard L. Purdy）对托马斯·哈代的研究那样深入，通过将那些知名和被遗忘的作家联合在一起，一个适当的焦点可以促进对他们的重新评估。《第一次世界大战的女性作家：一份注释书目》（*Women Writers of the First World War: An Annotated Bibliography*）就是一例。[22]

目录学/历史学

无论采用何种具体方法，关注特定地点、时间的书籍文化研究通常既是目录学的,又是历史学的。它们源自一种跨学科视角,麦肯齐从意义史的角度对此做了简洁表述:"我们在改编、印刷和出版文本的过程中给予文本的新形式,构成了我们对一部书写史、意义史所拥有的最基本和最普遍的证据。每一件现存的人工制品都在讲述一个我们可以从历史视角去阅读的故事,而它凭借版本(广泛传播、连续修改和多种导向的同一形式的多个复本)支持着一种高度的历史概括。"[23]伊恩·格林(Ian Green)的著作《近代早期英国的印刷业与新教思想》(*Print and Protestantism in Early Modern England*)是一个杰出的例子,说明了历史学家可以利用《英文短标题目录》(*English Short Title Catalogue*),以及小册子和其他出版物中比通常内容更丰富的部分来做些什么。格林关心的既不是经典书籍,也不是最廉价的书籍,而是畅销书和销量稳定的书籍,"关注那些在过去几十年里销量最好、最稳定的作品"[24]。

沿着历史学/目录学这个维度,我们可以定位对单独某本书籍的研究,学者在这里会使用档案和目录证据,来将某部作品的写作、生产和接受史置于其所出现、存留的文化中。早期的例子包括罗伯特·达恩顿的《启蒙运动的生意:〈百科全书〉出版史(1775—1800)》(*The Business of Enlightenment: A Publishing History of the Encyclopédie*

1775–1800，1979）和我自己的《廉价圣经：十九世纪的出版和英国及海外圣经公会》(*Cheap Bibles: Nineteenth-Century Publishing and the British and Foreign Bible Society*，1991）。该领域新近的著作是詹姆斯·西科德的《轰动维多利亚时代》（2000），我们对此将进一步讨论（见第62—67页）。

各种出版史也很适合这个维度。对出版业的批判研究揭示了文学文化的商业性质。一个很好的例子是迈克尔·温希普（Michael Winship）对"19世纪中叶美国纯文学（特别是诗歌）的优秀出版商"业务的研究。温希普利用公司留存下来的经营档案，详细检查了蒂克纳和菲尔兹出版社（Ticknor and Fields）"怎样在其历史世界中运作，以及是怎样参与到它所属的文学和书业制度的"。同样，戴维·芬克尔斯坦在《黑森林出版社：维多利亚时代作者与出版商的关系》(*The House of Blackwood: Author-Publisher Relations in the Victorian Era*）中结合了对资产负债表的检查和对信件与回忆录的仔细阅读，产生了一项具有启发性的研究。[25]

彼得·布莱尼（Peter Blayney）撰写过英国的书业史，详细研究和描绘了书商公会（Stationers' Company）的历史。由罗宾·迈尔斯和迈克尔·哈里斯（Michael Harris）组织的一系列学术会议产生了许多杰出的书业史著作。题为"印刷业地形图"的2003年卷展示了"怎样在密集而混乱的城市空间内建立起贸易地形结构,以及特定形式的商业活动是怎样与其空间组织直接联系起来的"。[26]

那些更倾向于关注过去的社会、经济或政治维度,而非文学方面的学者会编纂一个版本目录,煞费苦心地寻找符合既定参数的每个单独文本的每个变化。这类成果起始于由多位学者合作完成的《英国小说(1770—1829):不列颠群岛出版的散文体小说目录调查》(*The English Novel 1770-1829: A Bibliographical Survey of Prose Fiction Published in the British Isles*),作者们从文学劳动的角度研究过去的经济和文化。在总编詹姆斯·雷文、彼得·加赛德(Peter Garside)和雷纳·舍沃林(Rainer Schöwerling)及其作者们发现"一个无序的文学史"的地方,现在存在着对"该时期通俗小说和通俗小说家的一种新的历史学和社会学概括"。[27]再比如说,更具历史而非文学意味的是帕特里西娅·弗莱明和阿尔斯通·桑德拉(Alston Sandra)对玛丽·特里梅因(Marie Tremaine)1952年《加拿大出版商目录(1751—1800)》(*Bibliography of Canadian Imprints, 1751-1800*)一书的修订和更新。她们的版本增加了许多新的标题,"(重新定义了)出版商,以包含从书籍到空白印刷品的整个印刷生产"[28]。

尽管内容丰富,书籍史不是"总体史",也并非所有关于历史、文学和材料文本的学术研究都可以还原为对书籍和印刷文化的研究，其中一部分仍保有学科特殊性。当然，所有三个核心学科（以及所有相关学科）的绝大多数学者都有着非常杰出的生活和职业生涯，而无需将自己认定为书籍史学家。反过来对这个被质疑的学科来说，三角形的每个点都是有关方法的其他分类上的一个节点。

然而，那些在文化语境中关注文本的人会发现自己接触到了其他两个学术分支的资源，并遇到了它们的理论关注。我强调（也许是过度强调）书籍和印刷文化研究中存在的学科界限，并不是想要建议每位学者都要学习这三个学科的方法和问题。相反，我是想呼吁相互尊重。用辛迪娅·克莱格的话来说，就是"进行跨学科学术研究……需要谦逊地面对目录学、历史学和批判理论实践的悠久传统，并乐意承认和吸收这些先进成果，以及通常鲜为人知的方法"。[29]三种方法之间的真正差异有时会招致可以被理解为攻击的冷嘲热讽。例如，我们将在下文看到一位历史学家，他取笑那些研究材料文本的学生，似乎研究水印本质上是精英主义或有古物癖的；还取笑一位目录学家把属于历史学家的整个项目借用到自己的学科。有两位文学学者都戏谑地把书籍史描述为"一种新的无聊玩意儿"（"纠缠于一种古代实证主义［paleopositivism］，满足于一系列无聊操作……切断了与学术中更性感的知识的联系"),而一位自称书籍史家的人将整个文学理论事业贬得一文不值。[30]这种态度在一项跨学科研究中是于事无益的。不同的学科不仅提出不同的问题,而且提出不同种类的问题。当学科性汇聚到对历史语境中的文本、印刷品和书籍的研究上时,彼此差异固然容易引发争议,但同时也发人深省。罗杰·夏蒂埃在《书籍的秩序》(*The Order of Books*)中强调过这样一个问题:过去人们是怎样发展出"使书写文字世界变得井然有序"的举措的。[31]历史学家、目录学家和文学学者将其方法运用于历史中的书籍,只是方式不同而已。

注 释

1 Jordanova, *History in Practice*, 85.

2 Casper, *Constructing American Lives*, 15.

3 Perkins, *Is Literary History Possible?* 177.

4 Ezell, *Writing Women's Literary History*, 54.

5 尼古拉斯·巴克评论说:"当人们谈论'印刷文化'时,我希望手边有一把左轮手枪。"("In Praise of Manuscripts", *Form and Meaning in the History of the Book*, 27)约瑟夫·戴恩(Joseph Dane)略为温和,在《印刷文化的神话》(*The Myth of Print Culture*)中,他站在目录和编辑实践的立场对

这个概念进行了批判。

6　James P. Danky and Wayne A. Wiegand, eds, *Print Culture in a Diverse America*.

7　Rose, *The Intellectual History of the British Working Classes*，这本书以"观众史导言"开头（1-11）。关于工人阶层读者，亦见David Vincent, *Bread, Knowledge and Freedom*，以及R. K. Webb, *The British Working-Class Reader 1790–1848*。

8　McGill, *American Literature and the Culture of Reprinting*, 1, 2.

9　关于阅读小组，参见Juliet Gardiner, "Recuperating the Author"，以及Danielle Fuller and DeNel R. Sedo, "A Reading Spectacle for the Nation"。

10　关于接受理论，参见Wolfgang Iser, *The Act of Reading*, *The Implied Reader*，以及Hans Robert Jauss, *Towards an Aesthetic of Reception*。

11　Allan, "Some Methods and Problems in the History of Reading," 104; Susan K. Suleiman and Inge Crossman, eds, *The Reader in the Text*；亦见Stanley Fish, *Is There a Text in This Class?*。

12　Stoddard, "Morphology and the Book from an American Perspective", 4.

13　Ronald B. McKerrow, *An Introduction to Bibliography for Literary Students*; Philip Gaskell, *A New Introduction to Bibliography*.

14　McKenzie, "Sociology of a Text", 335. 麦肯齐在他的帕尼齐讲座（Panizzi lectures）《目录学和文本社会学》（*Bibliography and the Sociology of Texts*，1985）中使用的"社会学"一词

是具体的、历史性的。他将19世纪大英博物馆图书馆馆长安东尼·帕尼齐（Anthony Panizzi）的职业生涯与这个由奥古斯特·孔德（August Comte）创造，在赫伯特·斯宾塞《社会学研究》（1873）中得到推崇的词联系了起来。我对麦肯齐使用这个词的理解是，他希望避免在这种情况下使用"社会史"一词，因为他的言论既有当代的一面，也有历史的一面。据我所知，学院派社会学家没有从他们自己的学科及其当代关注的角度对文本社会学的概念进行评论，他们很可能判断这个术语有问题。

15 McKenzie, *Bibliography and the Sociology of Texts* (1985), 6.

16 Moylan and Styles, eds, *Reading Books*, 2, 4. 莫伊伦自己对这本书的贡献尤其有趣。她认为"我们可以把文本的物质性看作……诠释性表演……的一种表达"（"Materiality as Performance: The Forming of Helen Hunt Jackson's Ramona", in Moylan and Styles, eds, *Reading Books*, 224）。

17 McGann, *The Textual Condition*; Shillingsburg, *Pegasus in Harness*.

18 Allan, "Some Methods and Problems in the History of Reading", 117, 118.

19 Jackson, *Marginalia*, 8, 15. 亦见Jackson, *Romantic Readers*及Anthony Grafton, "Is the History of Reading a Marginal Enterprise?" 139–157。安东尼·格拉夫顿（Anthony Grafton）认为，抄写在笔记本上的边批和摘录，发挥了最好的历史证据的功效："它们散发出人的血肉的气味。"我们了解到，"人文主义者求助于他的书籍，不仅因为它们能提供

信息,还因为它们是最亲密的知己,是他最私密思想的分享者——即便对话必须通过纸面方式,并用一种古老的语言进行。只有书籍史才能让我们窥探这种现在已被遗忘的亲密接触"。

20 St Clair, *The Reading Nation in the Romantic Period*, 42.

21 Laurence, "A Portrait of the Author as a Bibliography", 169, 177. 亦见Laurence, *Bernard Shaw: A Bibliography*, 2 vols. (Oxford: Clarendon Press, 1983)以及Purdy, *Thomas Hardy: A Bibliographical Study* (Oxford: Oxford University Press, 1954)。

22 Sharon Ouditt, *Women Writers of the First World War*.

23 McKenzie, "Trading Places? England 1689 – France 1789", 1.

24 Green, *Print and Protestantism in Early Modern England*, viii.

25 Winship, *American Literary Publishing in the Mid-Nineteenth Century*, 8. 有关维多利亚时期英国出版史不可或缺的著作还有Alexis Weedon, *Victorian Publishing*。

26 Blayney, *The Bookshops in Paul's Cross Churchyard; and The Stationers' Company before the Charter*. Robin Myers, Michael Harris, and Giles Mandelbrote, eds, *The London Book Trade*, vii–viii.

27 Raven, Garside, and Schöwerling, gen. eds, *The English Novel 1770–1829*, introduction, 1: 120.

28 Fleming and Alston, *Early Canadian Printing*, xviii.

29 Clegg, "History of the Book", 245. 类似地,迈克尔·特雷

德韦尔（Michael Treadwell）在《十八世纪英国、爱尔兰和美国的书籍史》（"The History of the Book in Eighteenth-Century England, Ireland, and America"）中认为："书籍史是一个要求极高的领域，不是任何松散、抽象意义上的'要求高'，而是因为它不断地、切实地要求我们掌握关于我们不说也不读的语言的知识，关于我们从未听说过的书籍（其中有些是畅销书），关于我们尚未掌握的技术，以及关于以我们不了解的方式、用看似相同实则天差地远的货币进行的复杂商业交易的知识。管辖它的法律在法规汇编中说的都是一件事，在实践中却是另一件事。在四分之一的时间里，跨越半个（18）世纪，我们必须进行研究以确定我们所处的年份。"（134）

30　参见下文历史学家达恩顿（31）和目录学家托马斯·坦瑟勒（Thomas Tanselle，32）。关于"一种新的无聊玩意儿"（与新历史主义相对），参见David Scott Kastan, *Shakespeare after Theory*, 18。关于古代实证主义等（与文化研究的"性感知识"相反），参见Matthew P. Brown, "Book History, Sexy Knowledge, and the Challenge of the New Boredom", 690。关于文学理论的极端批评，参见Jonathan Rose, "How Historians Teach the History of the Book", 219–220。

31　Chartier, *The Order of Books*, vii.

第三章 历史中书籍位置的几种模式

历史学、文学、目录学——这三个术语都是强大的概念，它们拒绝被某个行业的专业技能束缚，或者其实被某种学术规训的实践束缚。历史学家没有"历史学"这个词的版权，文学和观念的研究者没有"文本"的版权，同样，目录学和图书馆学的学者也没有"书籍"的版权。本章首先介绍历史学家罗伯特·达恩顿的一篇影响深远的论文，描述书籍在过去文化中的位置被概念化或被模式化的方式。接着讨论自达恩顿的文章首次出现以来的二十多年里兴起的三种批评，一种出自目录学家的合作团队，一种出自运用文化理论的文学学者，最后一种出自科学史。

罗伯特·达恩顿：传播循环模式（1982）

在许多大学的书籍史或印刷文化研究课程中，指定的入门阅读材料是达恩顿的《书籍史是什么？》（"What Is the History of Books?"）——这篇文章于1982年首次发表，此后多次重印，作者没有修订，但时被编辑删节。[1]达恩顿回答了文章标题提出的问题，不是通过定义"书籍"或"史"，而是通过提示这个"重要的新学科……甚至可能被称为印刷传播的社会史和文化史……因为它的目的是了解思想是怎样通过印刷传递的，以及在过去五百年里，接触印刷文字后，人类的思想和行为是怎样被影响的"。不单是被印刷影响：手稿和其他形式也包含其中，而且达恩顿的主要关注点是展示印刷文本体现的思想如何在特定社会中传播，从作者到出版商和印刷商（以及图书业界中的其他人），到书商和其他分销商，最后到读者；他们对作者的影响有助于"完成循环"，并确保"书籍不仅讲述历史，还制造历史"。达恩顿勾画了这个被他确认为具有创新性和学术潜力的研究领域的发展情况，该领域"（似乎）能够跻身学术科目经典，与科学史和艺术史等领域并驾齐驱"。值得注意的是，他是用18世纪法国历史上的一个扩展案例来支撑他被广泛引用的模式的（见图3），因为用达恩顿的话来说："模式有办法把人挤出历史。"[2]

达恩顿对书籍史领域中意识形态的起点、学科的和方法论的假设的巨大差异表示担忧，这早已被人提及。他表示，它已经开始"越发不像一片耕地而是一片热带雨林……其中塞满了这么多附属学科,人们不再能看出它的整体轮廓"。达恩顿得出的结论是,"为了和混乱的跨学科性保持一定距离,并把这个主题视为一个整体,提炼出一个分析书籍产生及在社会中传播的方式的普遍模式将有所助益"。[3]为了规避这种跨学科性的喧嚣,达恩顿提出了他的传播循环模式。他绘制该模式是为了展示"如果书籍史想避免被分割成各不相干的生僻专业,避免因晦涩难懂的技术和相互的误解而彼此隔绝,有必要以某种整体性视角来看待书籍,将其视为一种人类传播手段"。传播循环"从作者到出版商……印刷商、承运商、书商和读者。读者完成整个循环,因为他在创作行为前后都会影响作者"[4]。循环线路中的每个节点都与各种因素相联系,尤其是社会中的其他因素。达恩顿将这些相关因素置于图表的中心:经济与社会形势,思想影响与知名度,政治与法律保障。

与电子循环线路——闭合、触发、连接——的类比特别引人注目。达恩顿的模式是一种关于传播、关于人与人之间关系的模式,但不是依靠他们共同阅读的文本,而是在特定时间、地点进行的图书贸易行为。他的**书籍**既是一种物质制品,也是对那些被调整的关系的抽象代表。

这种方法将达恩顿置于法国大学所实践的"书籍史"

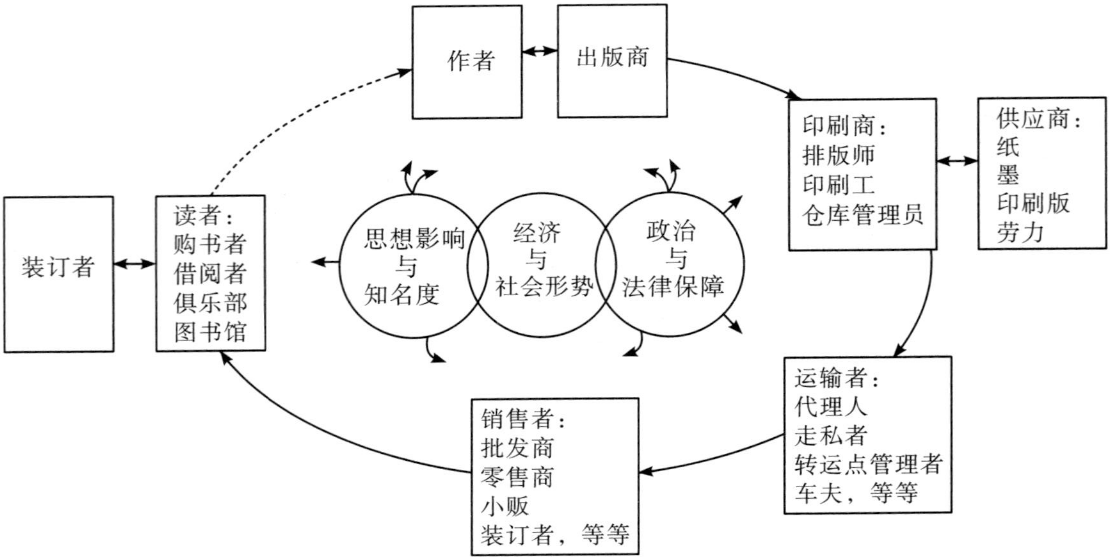

图3 取自罗伯特·达恩顿:《拉莫特莱之吻:有关文化史的思考》(*The Kiss of Lamourette: Reflections in Cultural History*),1990年

（l'histoire du livre）的学术传统中。[5]在《启蒙运动的生意》一书的导言中，他将自己和这种方法更直接地联系了起来。他呼吁将法国的社会－历史方法与英美的目录分析传统融合起来。尽管担心会造成相互误解，他仍然因为在善本室里进行了一组对比而不经意地惹怒了一些目录学者：房间里挤满了"品玩装帧的狂热爱好者，端详水印的模仿者，研究奥斯汀著作的各种版本的博学者；但你不会遇到任何一位普通的、主流的历史学家试图把书籍理解为历史中的一股力量"。形成对比的是历史学通才和目录学专才的作品："一位通才可以在珍本室里从专才们那儿学到很多东西。他们可以教他细细筛查他们的财富，触摸到在他们期刊里贯穿的信息脉络。"达恩顿声称当时法国的研究忽视了"图书生产和流通的过程"，希望"英国经验主义和法国对广义社会史的关切"的结合能够产生"书籍史的原创融合"。[6]过去二十年里的大量工作确实受到了达恩顿思想的启发，尽管必须指出的是，许多受此启发的灵感都反对了书籍作为"传播循环"的观念。

达恩顿的观点从一开始就引起了托马斯·坦瑟勒的批评，后者为同样的英美分析目录传统提供了出色的辩护。坦瑟勒对传播循环的观念不予置评，但他责备达恩顿把目录学和历史学区别开来。他也不愿意接受，前一个领域的研究是偏僻和次要的，可以被后一个领域的实践者发掘利用。相反，坦瑟勒强烈坚持认为，目录学是"历史学本身的一个成熟分支"。[7]

坦瑟勒的主张对他自己所在学科的许多实践者来说是没有问题的，但在专业历史学家听来则颇为刺耳。在当代欧洲和北美的大学中，历史学专业的主要分支通常是指政治史、社会史和经济史，一些目前蓬勃发展的新分支是妇女史和性别史，民族、种族、国家认同的历史，以及文化史。达恩顿的历史学同事从来没想要接受目录学是历史学分支的观念，但他们愿意相信目录学作为一种从同类学科借用的方法是有价值的。尽管本书第五章提出了一些初步的方法，但历史学家对目录学价值的信心归根结底都将取决于大量令人信服的学术成果。与此同时，那些关注书籍问题的历史学家，对人类动因，对历史语境中的传播，对作为一种"交易"的书籍——"公开披露的书面文字"得以被创造、传播、接收和改造——和达恩顿有着同样的理解。[8]例如，詹姆斯·雷文呼吁书籍史"要足够宽广，使传播史和社会政治转型史这些超越书籍的直接创作和接受问题的门类成为可能"[9]。

托马斯·R. 亚当斯和尼古拉斯·巴克：以书籍为中心的模式（1993）

托马斯·R. 亚当斯和尼古拉斯·巴克对达恩顿模式的批评将物料制品和人类活动的相对重要性反转了过来。亚当斯和巴克是目录学家，他们称自己的"书籍研究新模式"是一份宣言。他们欢迎达恩顿的作品，欢迎伊丽莎白·艾森斯坦的《作为变革动因的印刷机》（*The Printing Press as an Agent of Change*），也欢迎把书籍作为研究主题的学术新潮。与此同时，他们也担心历史学家的介入成为对既成学科目录学的侵犯："目录学家的研究领域因此出乎意料地被专业历史学家拉到了聚光灯下，要对暴露在更广阔的舞台上做出反应，既着迷又恐慌。"[10]

亚当斯和巴克的文章被认为是"披荆斩棘"和探索"共同前进道路"的"星图"。他们表达了自己的担忧，即多年来，目录学一直"被视为（文学研究）的辅助学科，服务于一个更高的目标：建立准确的文本"。他们将麦肯齐1969年的文章《心灵的印刷者》（"Printers of the Mind"）中的"著名声明"视为一个转折点。该声明指出，"目录学者的基本任务是为一个特定文本建立关于传播的事实，他将使用所有相关证据来确定目录学意义的真实"。这些证据包括印刷厂和出版社保存下来的档案，以及与所研究书籍同时印刷的其他书籍的证据。因此,他们继续说,随着麦肯齐那篇影响深远的文章,"文学目录学家的活动重点从文本纯洁性转移到传播"[11]。或者用麦肯齐自己的话来说,他们放弃了书目描述详细程度递减的概念,到目前为止都还不错。

亚当斯和巴克接着谈到了在1980年的一次国际会议上起草的《关于书籍史的声明》("Statement on the History of the Book"),声明提到了"生产、出版和分销的历史的各个方面,从作者阶段到书籍对读者的影响,以及最终,对社会的影响"。对于亚当斯和巴克来说,这句话中的一个词指出了一个问题:"正是在插入'最终'一词时,我们看到了社会史家的影响正在显现。如果没有它,这份声明就像是在强有力地主张书籍史的重要性。有了它,目录学再次成为社会史的附属品,再次成为其他学科的'侍女'。"他们问:"难道对书籍史的研究注定要屈居于所有学科之下吗?"然后他们自答:"这个主题足够重要到被视为独立存在的东西……它并不是将某个特定学科(例如历史学或物理学)应用于所有事件,而是将所有学科应用于特定的事件,在这里就是指书籍。"和坦瑟勒一样,他们努力加强目录学作为一门学术科目的地位,避免它被贬损至辅助性角色。他们在达恩顿和其他人身上发现了"一种傲慢的腔调……暗示迄今为止的工作不是'真实的'或重要的历史"。[12]

亚当斯和巴克的模式中有很多东西可以弥补这一缺陷，尽管如此，那些希望历史学家能认真对待其书籍史研究方法的目录学家正在做一些更大的假设和要求。其中一个与他们的同侪坦瑟勒相似，后者希望目录学能作为历史学的一个分支被人们所接受；另一个是将物体置于探究的中心，以代替人类活动或对话和传播的抽象概念。[13]目录学家扭转了屈尊俯就的姿态，而且指出，尽管社会史家"不是在写书籍史"，后者仍然可以"对此做出重要贡献"，但学科之间的张力并未因此稍有缓解。[14]

从历史学和目录学的对峙中产生的不仅仅是"混乱的跨学科性"；亚当斯和巴克为这两个学科的界限提供了清晰的辩护，但这阻碍了实现一种完全跨学科学术的理想。在其模式中（见图4），他们直接与达恩顿的传播循环模式展开竞争，相当正确地指出"它是在和人，而不是书籍打交道。它关注的是传播史"，因此，"对于那些关注书籍总体意义的人来说……它有其局限性"。他们提出了一个替代方案：

> 一个由彼此相连的诸要素组成的圆圈，这些要素被或者能被圆圈中心的力量影响。但是由于我们的主题是书籍，而不是卷入该运动的人，因

此达恩顿模式中的要素和力量的顺序被颠倒了过来。书籍的循环成为中心：间接的力量位于书籍的外部，向内部探视并给予压力。不再是由六群人完成了"传播网络"的运作，在一本书的生命过程中我们有五个事件：出版、生产、分销、接受和保存，它们的顺序构成了一个传播系统，并反过来加速着其他循环。

在达恩顿以电路循环作譬喻的模式中，当作者和读者彼此影响时，循环是闭合的；与这个譬喻相反，亚当斯和巴克将他们的模式视为一张"地图"，在这张地图中，怎样决策、将何种要素置于世界中心，表明的是"关系，而不是确切的位置"。最引人注目的是把出版而非作者身份确立为"出发点"。对于这些评论者，就像对罗杰·斯托达德一样，"决定出版，而非文本创作，是……一本书籍诞生的第一步"。[15]

虽然以电路作比明显是动态的，而以地图作比是静态的，但亚当斯和巴克还是触及了达恩顿模式的严重弱点。在他的模式中，当书籍实现了在读者和作者之间传播的目的时，它就自我终结了。对于收藏者来说，无论是为了公藏机构还是私人图书馆，如果获取书籍的目的更多是保存而不是阅读，他就和任何其他购书者别无二致。然而，影

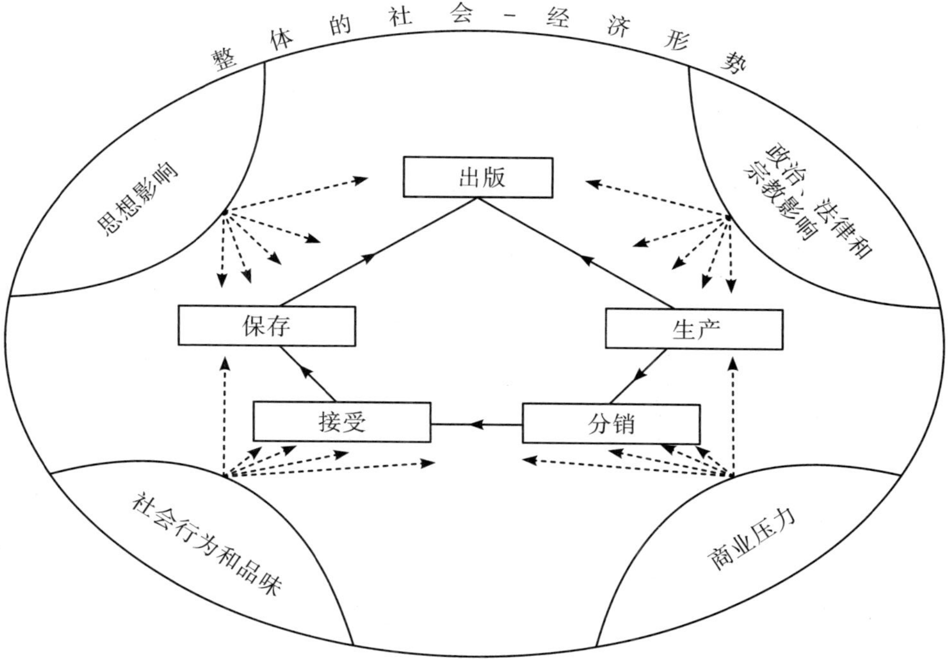

图4 取自《书籍研究新模式》,收于托马斯·R. 亚当斯和尼古拉斯·巴克:《一种生命的潜力:社会中的书籍》(*A Potencie of Life: Books in Society*)

响印刷品保存的因素对于决定下一代的观念至关重要。[16] 目录学家的模式还考虑到了书籍的韧性,它们趋向于不仅以原初形式存在,而且还会经历向新版、修订、翻译、删节、重述和其他格式的转换,所有这些又都反过来受制于它们自己的生存和转换模式。

亚当斯和巴克保护性地评论了将书籍定义为一种历史力量的企图,但这揭示出的学科壁垒要比由文化史学家或文学学者提出的更高,后两者在此前都习惯于从人文和社会科学领域的同事那里攫取方法论和理论知识。目录学中奇怪的性别化术语扮演着历史学的"侍女",就像它长期以来与文学研究的关系一样,这不仅暗示了某种对独立性,以及对学科与分支学科的相对优劣势的焦虑,这还提醒我们,与历史学和文学研究不同,目录学很少经历过社会阶层角度的分析,也几乎没有经历过性别、种族/民族或国家认同角度的分析。[17]这些震撼了学术界其他部分的理论问题,相对地未波及目录学。

彼得·D. 麦克唐纳:来自文学研究的批判(1997)

阶级、种族和性别问题对文学研究的影响是深远的。英国文学和其他文学专业的学生已经转用许多不同的理论方法来理解文学文本,包括经典著作和迄今为止被排除在传统文学经典之外的其他叙事。在《英国的文学文化和出版活动（1880—1914）》（*British Literary Culture and Publishing Practice 1880-1914*）一书中，彼得·D.麦克唐纳采用了达恩顿的研究模型，并将其制作为三维的。他仔细研究了维多利亚时代晚期和爱德华时代伦敦的作家及其出版商，当时当地的文学形式和出版活动都处在急剧转变过程中。麦克唐纳向读者介绍了皮埃尔·布尔迪厄（Pierre Bourdieu）的文化理论。对布尔迪厄来说，文学领域是"一个具有自身'结构'和'律法'的社会'缩影'，而作家、评论家，实际上也包括出版商、印刷商、分销商和读者都是对那个独立自足的世界有着'特殊兴趣'的'专家'"。[18]麦克唐纳将该理论应用于旧的平面传播循环模式，并且进行了调整、拉伸、增倍和变形（但没有尝试用图形表示）。结果出现了一种非常有用的方式，可以思考文学创作何以成为我们称为书籍的物质和商业制品。麦克唐纳认为："对于皮埃尔·布尔迪厄而言，由于文本在根本上被定位为在该领域具有特定地位的物质形式，任何文学分析的首要任务不是解释它们的含义，而是重构它们的复杂状态。"[19]那种商业的、文化的、智识的和转瞬即逝的情况，在达恩顿的传播循环模式里只得到部分的勾画，首要的任务是重构文学领域。

对亚当斯和巴克来说，一本书的生命是由事件塑造的，其中第一个是出版，将书从手稿的形态转化为书的形态。对于诠释布尔迪厄的麦克唐纳来说，维多利亚时代的文学文本发现自己处在一种复杂状态之中，那是一种由其出版商和作者赋予的设计、格式和营销计划所塑造的状态。文本是由一位作者写成的，但与达恩顿将作者和出版商个体化、原子化的概念有所不同，麦克唐纳强调文学文化的复杂性。在世纪之交的伦敦，有许多群体和亚群体、多种地位层次、众多可能的位置都被这两类个体占据。在三个具体案例研究中，他展示了两种相互竞争的文学研究方法——"正统派"和"投机派"——是怎样在张力中共存的。[20]纯文学作品和其他供受过教育、有鉴别能力的读者阅读的作品（为艺术而艺术的文学），它们的作者和出版商鄙视以商业为导向的个人和公司的作品，后者迫不及待地挤进了不断扩大的、具有潜在商业前景的通俗小说市场。反之亦然。同样，老一代、成名的中年作家及其影响力巨大的出版界搭档自视为前卫暴发户的对立面。同样，性别认同也使自身处于相互对立的境地。严肃的作者为他的知识分子同伴写作，把自己和那些轻浮煽情的女写手区分开来，后者受到出版商的迎合，但都是那些准备将她们的作品推送给令人痛苦的没有品味的普罗大众的出版商。

书籍史研究一直特别抵制理论，一些文学史家鄙视文学理论，阻碍了文化理论在更广阔的作者、读者和出版商的社会网络中的应用。通过援引布尔迪厄，麦克唐纳细致入微地解读了他的三个文本的经验证据，展示了受人欢迎的理论技巧。分析涉及确定一位作者或出版商在"文学领域中的非话语地位"的价值，即他们在文学话语位置之外的社会经济地位。麦克唐纳敏锐而慷慨地认识到了达恩顿的理论贡献。他观察到，达恩顿传播循环中的动力是——

> 主要依据他们在**物质**生产过程中的**功能**来定义的。作者生产手稿，出版商和分销商提供服务，印刷商和装订者提供熟练的体力劳动，读者是终端产品的消费者。当有（达恩顿的）特定目标时，这种对整个循环工作的基本功能主义洞见具有明显的方法论价值。问题是它给自己造成了盲区。尤其是，它没有考虑到文学文化的其他组织方式，因此，它为整个生产过程刻画出了一个更深的维度。首先，动力在文化中的位置不仅依据其在循环中的**功能**被水平地限定，而且依据其在复杂的结构化领域中的**地位**被垂直地定义。当然，尽管这两个维度当然是密切相关的……但它们是截然不同的。

麦克唐纳的作品在这里是作为一位文学学者对达恩顿

的批评而被强调的,因为它展示了后者关于书籍如何运作的学科假设。在一篇将布尔迪厄的思想应用于书籍史研究的简短文章中,麦克唐纳敏锐地观察到,达恩顿特别醉心于将书籍史用作"重新思考和重新书写非书籍的历史的方法"。[21]同样,麦克唐纳也喜欢把书籍史用作重新思考和重新书写文学批评的方法,而且颇为有效。

詹姆斯·西科德:书籍史与科学史(2000)

阿德里安·约翰斯(Adrian Johns)在1994年评论说"新书籍史和新科学史的最后一代人同时到来",并认为"这一**和解**使两个阵营都可能从中极大受益"。[22]这样的和解当下正在顺利进行,一位科学史家在使用并造福于书籍史研究的方法和理论的过程中直接处理了达恩顿的模式。詹姆斯·西科德早期研究的是维多利亚地理学史,后来在其著作《轰动维多利亚时代:〈造物的自然史遗迹〉令人惊奇的出版、接受和神秘作者》中,将注意力转向了19世纪的进化论思想。《造物的自然史遗迹》最早出版于1844年,这本书的匿名作者身份是它引起的社会轰动的一部分,它对自然世界进化论思想的讨论也是如此。它比达尔文的《物种起源》早十五年出版,而西科德的部分论点是要将后者这部经典作品置于其在当下已被忘却,但曾经轰动一时的前辈的语境中。正如《轰动维多利亚时代》的副书名所暗示的，它记述的是单独一部书籍的历史，但西科德明确提出，他的目的不是为一部书籍写"传记"（这是比记述更合适的描述），"专注于书籍的生产和作者身份，而不是阅读"，比如达恩顿的《启蒙运动的生意》。相反，西科德认为：

> 阅读和传播的新途径革新了我们对过去许多方面的解读，我们据此可以恢复《造物的自然史遗迹》的著名故事。阅读通常被视为一种深刻的私人体验，但更好的理解是，它是对书籍及其他形式的印刷品被借用和使用的全部方式的理解。从这个意义上讲，阅读史变成了对运作中的文化形态的研究。我的策略将是遵循单独一部作品的所有用途和表现——在对话、独自阅读、作者身份、博学的辩论、宗教分歧、公民政治，以及知识的生产中。然后，我们可以开始理解工业时代印刷文字在塑造新的身份意识中的作用。出乎意料的是，追溯《造物的自然史遗迹》这样的作品被证明具有特殊的启发性，因为少数引发轰动的科学书籍比类似的小说、历史和诗歌作品更加有迹可循。参考化石足迹和星云火雾有一种

> 特殊性，使得它们的来源相对明显。因此，一部被广泛阅读的科学著作是一个很好的"文化追踪器"：它可以在比几乎任何其他类型的书籍更为多样的环境中被追踪。

西科德把他的书描述为"一个在不同种类的历史中的实验"，它严肃地对待阅读，并利用阅读行为来思考一个"重大历史事件"，在这里是指进化论思想的引入。[23]

在维多利亚时代的文化中，《造物的自然史遗迹》的出版要对1840年代，以及对1850年代的达尔文主义时刻要说的东西，无疑是具有启发性的。用西科德的话说："每一个阅读的动作都是一个遗忘的动作……那些最能让我们忘记的书籍都是被称为经典权威的……《物种起源》是在我们文化中渗透得最广的维多利亚世界的遗存之一，但它同时也迫使那个世界的大部分内容被遗忘……在记住《物种起源》时，我们忘记了《造物的自然史遗迹》。"[24]在阅读《造物的自然史遗迹》时，我们忘记了它之前的那些书籍。

尽管很少有书籍像《造物的自然史遗迹》一样适合这种研究，但西科德对书籍和印刷文化研究理论的贡献是巨大的。正如我们所看到的，阅读研究和读者身份研究在很大程度上（尽管不完全是）关注的是复原过往人们与小说和诗歌的邂逅。麦克唐纳的作品就是一个典型的例子。然而，当问题是"我们怎样理解这个事件或那个片段"，而非"同时代人怎样感受这位作者或那部经典"时，问题就变得完全不同了。达恩顿对书籍史和18世纪法国阅读史的探索可能被描述为解决"是什么让法国大革命发生的"这个问题的方法。同样，西科德关于维多利亚时代早期英国理解大自然方式的问题是历史学家的问题。在寻求答案时，他借鉴并慷慨认可了目录学家和书籍史家的工作，并且投桃报李，就怎样理论化书籍在特定文化中的运作方式提供了新的见解。

西科德引入了"文学复制"的概念。这个比喻用一种复制取代了达恩顿的循环图象。像细胞一样，文本进行着自我复制，但其中有所变化，和生命体一样，书籍也从一种状态演变到下一种。书籍复本是由印刷厂的技术再生产出来的，但是只要检查版本顺序，就会发现再生产并不意味着精确复制。相反，相同的标题经常出现在明显不同的文本，以及各种不同的物理格式中。复本可能由作者和出版商授权，或者由他人"盗版"，读者可能为了自用而复制，后世的阅读也可能不同于作者同时代人的。西科德对达恩顿模型的批评强调了循环话语过分关注了反馈，而没充分重视书籍在其赖以生成的图书业之外是怎样运作的。

文学复制的概念广泛借鉴了科学史研究的新近成果，

科学史学者现在认为现代科学规范是被社会建构的。[25]早期的学术研究认为实验复制仅仅是一个机械过程，新的研究表明，这种复制是"一项成就，是通过达成两个实验实际上'相同'的一致意见而实现的"。西科德将对科学实验的概念化与对作者身份/印刷/阅读事件的概念化进行了类比。与科学复制一样，印刷在以前仅仅被理解为机械的，但是书籍史的研究表明，印刷同样是一种"成就"，其中涉足图书业的人一致认为，一本书的一个版本与其他版本"相同"。读者相信一本书的某个版本或再版版本与其他版本完全相同，并且具有相同的权威性，这种相信是图书业的积极成就。在1844年和整个1850年代，《造物的自然史遗迹》连续出版和被阅读时，人们对这本书意味着什么还没有达成任何共识，相反，只有一系列不稳定和偶然的一致意见，它们非常不稳定，因为罗伯特·钱伯斯（Robert Chambers）的作者身份被隐藏了如此之久。

西科德从书籍史和目录学中得到的启发是，"文本的稳定性即使在同一个版本中也很难实现"。和其他重要书籍一样，《造物的自然史遗迹》的复制贯穿了当时整个文化——出现于大量不同的版本，以及在评论和辩难中被大段引用。在对话中，印刷文本在几个地方引起了读者的注意，每个地方都准备好也能够吸收它，并且准备重新"发表"它。印刷厂的材料复制（这本身是一个文化过程）

是关于书籍的对话的一部分背景，场景包括从酒吧到闺房——到进化论问题双方的权威举办的讲座。反过来，文化复制受到字体和纸张、设计和营销等印刷传统的影响。对此的另一种表达方式是，反思书籍史有时是怎样被概念化为研究作者身份、阅读和出版的，西科德的分析没有给予传播循环三要素中任何一个优先地位，而是超越了它们。它拥有最完整意义的语境性，关注书籍在文化中的运作方式，以及如何发挥作用。

科学史学家，就像文化史学家和其他在历史学研究体系之下工作的人一样，极大地增加了书籍史和印刷文化史的维度。值得注意的是，他们的贡献不是孤立的书籍史，而是体现在对另一学科领域的学术研究极为重要的问题中。[26]正如达恩顿发问阅读怎样对法国大革命做出贡献一样，[27]约翰斯、西科德和其他人对现代早期和维多利亚时代的自然观也有许多问题要问，最后在现代早期和维多利亚时代的图书业和阅读活动的性质中找到了答案。[28]将书籍用作一种智性方法和开启阐释可能性的方式，这种学术研究是否比那种为了书籍本身而专注于书籍复杂性的研究更有成效？

注 释

1 Darnton, "What Is the History of Books?", 重印于Darnton, *The Kiss of Lamourette*; 亦重印于Cathy Davidson, ed., *Reading in America*; 略微删节版参见Finkelstein and McCleery, eds, *The Book History Reader*。

2 Darnton, "What Is the History of Books?" in *The Kiss of Lamourette*, 108, 111, 135, 113.

3 Ibid., 110.

4 Ibid., 111.

5 有关"书籍史"在法国的实践,参见Roger Chartier, "Frenchness in the History of the Book"。研究可以追溯到1958年,当时吕西安·费弗尔(Lucien Febvre)和亨利·让·马丁(Henri-Jean Martin)的《印刷书的诞生》(*L'Apparition du livre*)由阿尔班·米歇尔(Albin Michel)出版,之后于1976年译为英语出版(*The Coming of the Book*)。第一本目前正在成为全球图书馆馆藏的国家书籍史是费弗尔和夏蒂埃所编《法国出版史》(*Histoire de l'édition Française*, 1982—1986)。

6 Darnton, *The Business of Enlightenment*, 2–3.

7 Tanselle, "From Bibliography to Histoire totale", 647.

8 Howsam, "Book History Unbound", 73–74.

9 Raven, *London Booksellers*, xviii.

10 Adams and Barker, "A New Model", 6.

11 Ibid., 7.

12 Adams and Barker, "A New Model", 7, 10, 41 n. 26; Kenneth E. Carpenter, ed., *Books and Society in History*, xi.

13 此处无法完整地讨论历史学家为什么不愿意使用实物作为证据，这个问题在一定程度上可以追溯到19世纪末考古学和历史学之间学科界限的确立之时，参见Philippa Levine, *The Amateur and the Professional: Antiquarians, Historians, and Archaeologists in Victorian England, 1838–1886* (Cambridge: Cambridge University Press, 1986)。但新文化史以及从人类学角度开展的对狂欢节和其他文化形式的研究在很大程度上打破了这些障碍，人们对不同时间、不同地区的文化所确定的欲望对象产生了兴趣。

14 Adams and Barker, "A New Model", 10.

15 Ibid., 15, 17, 18. 他们继续说："文本的性质，以及在某些但并非所有情况下，作者的意图，都影响了这个决定，但其他力量控制着这个决定，与文本的内在价值几乎没有关系。"意向性也在他们的附录《意向性与接受理论》("Intentionality and Reception Theory")中得到了论述（195—201）。

16 尽管安大略省的公共图书馆和大学图书馆仔细保存和编录了大量的地方报纸，但对1930年代的社会习俗感兴趣的历史学家想要找到一份完整的多伦多黄色报刊《嘘》（*Hush*）仍非常困难。参见Susan Houston, "A little steam, a little sizzle and a little sleaze", 39–40。

17 关于将书籍视为性别化对象的思考，参见Megan Benton, *Beauty and the Book: Fine Editions and Cultural Distinction in America*以及Howsam, "In My View: Women and Book History", 1–2。马修·P. 布朗（Matthew P. Brown）敏锐地指出，"很多受麦肯齐启发的学术成果……都赞颂变体，因为它们能生产出意义，但是……并不总是沿着变体的社会学维度去理解，例如性别身份"（"Book History, Sexy Knowledge and the Challenge of the New Boredom", 694）。

18 McDonald, *British Literary Culture and Publishing Practice*, 10, 177 n. 37，引自Pierre Bourdieu, *The Field of Cultural Production*, 181–182。

19 McDonald, *British Literary Culture*, 13.

20 案例研究的章节标题是：《文学之人与海洋之子：约瑟夫·康拉德和亨利派》（"Men of letters and children of the sea: Joseph Conrad and the Henley Circle"）、《游戏场：作为小说家、连续剧作家和记者的阿诺德·贝内特》（"Playing the field: Arnold Bennett as novelist, serialist and journalist"），以及《轻阅读与文字的尊严：乔治·纽恩斯有限公司与制造亚瑟·柯南道尔》（"Light reading and the dignity of letters: George Newnes, Ltd. and the making of Arthur Conan Doyle"）。

21 McDonald, "Implicit Structures and Explicit Interactions", 109.

22 Johns, "History, Science, and the History of the Book", 5.

23 Secord, *Victorian Sensation*, 3, 518.

24　Ibid., 515, 532.

25　Steven Shapin and Simon Schaffer, *Leviathan and the Air-Pump: Hobbes, Boyle, and the Experimental Life* (Princeton: Princeton University Press, 1985); Steven Shapin, *A Social History of Truth: Civility and Science in Seventeenth-Century England* (Chicago: University of Chicago Press, 1994).

26　参见Joan Shelley Rubin, "What Is the History of the History of Books?", 555–575。她认为，自达恩顿以来的书籍历史学家人为地切分了实际联系在一起的群体，结果限制了自己。

27　Darnton, *The Great Cat Massacre*, 155–157.

28　Marina Frasca Spada and Nick Jardine, eds. *Books and the Sciences in History*.

第四章 历史中书籍在哪里？

　　从物质意义上讲，书籍在历史研究中当然随处可见，但如果从思考过去的工具的意义上讲，**书籍**才刚刚得到认可。书籍作为过去的制品，由于历史学家对它们太过熟悉而心生蔑意。而作为历史兴趣的话题，它们最初似乎属于目录学家和文学学者的学术领域。

　　对于许多历史学从业者来说，书籍似乎根本没有历史，至少没有与历史动因相关的强烈感觉。作为物体而言，书籍可能拥有历史，就像蒸汽机或紧身胸衣也都有自身的历史，又像任何过去遗留下来的人工制品那样可能是一种带有时间顺序的叙事的主题，它记载了自身的起源，遵循着一条发展的（或者实际上是衰落的）脉络，其轨迹延伸到现在。但相对而言，极少有历史学家相信书籍拥有像加拿大的历史、资本主义的历史那样的历史，或者像民主、家庭生活、妇女或工人阶级的历史那样的历史。读写能力有历史，文学亦复如是，但书籍呢？也就是说，历史学家的基本问题是否适用于图书馆书架上的印刷并装订起来的制品？该学科的问题是关于变化，关于政治、经济、社会、文化的力量及其原因和影响的。答案必须经过论证，而不仅仅是断言，而这些论证才刚刚开始。最近的学术研究表明（这里讨论其中一例），书籍可能作为一个历史学研究的潜在主题而被掩盖在其平淡性背后——一种媒介的表面的当代性，这种媒介的传统在几个世纪以来实际上早就发生了彻底的变化。

在历史本身中定位书籍史和文化史，就是将其置于整个历史学科关注点的分类系统之中，一个好的起点可能是动因、权力和经验的中心性，使用朱迪思·瓦尔科维茨所阐述的模式。出于这些观念，历史学家对书籍的思考与传播、知识和文化角度的相关性显然高过与文本或文件/物体角度的。这种概念化的抽象本质需要一个坚实的理论模式。正如我们所看到的，罗伯特·达恩顿从传播循环的角度阐述他的书籍史，并且在继续强调传播——最近的努力出现在互动网站上，可以跳转至2000年他刊载在《美国历史评论》（*American Historical Review*）的文章。他在文章中表示，"传播体系总是在塑造事件"[1]。同样，在法国，书籍仍然是历史学者感兴趣的话题，因为它讲述了思想的传播，更抽象地说，是**心灵状态**（mentalités）或文化的传

第四章　历史中书籍在哪里？

播。**书籍史**诞生于从事历史学研究与实践的年鉴学派,在该学派中,对工人阶级阅读材料的调查和人口统计等其他社会史的取向并行不悖。[2]安东尼·格拉夫顿观察到,年鉴学派——特别是吕西安·费弗尔的著作——"表明人们可以精确地追溯印刷改变作家和读者生活的方式,利用当时新的、更大的图书馆来描绘舆论氛围的演变"。《法国出版史》(*L'Histoire de l'édition française*,1982—1986)成为第一个国家书籍史工程也就并非巧合。正如罗杰·夏蒂埃所解释的,该书编辑"把印本书视为一种商品——一种由特定技术生产,以其自身形式为特征的物体——视为一种新的文化传播手段"。[3]

如果商品可以是变化的动因,那么托马斯·亚当斯和尼古拉斯·巴克从"目录学文件"的角度将书籍定义为"印刷、书写成多个复本的东西,它的动因……是为公共消费而生产",现在则变得无法回答动因问题。换句话说,目录学家的核心思想——文本的物质形式影响着(并在一定程度上引出了)接收者赋予它的意义——使历史学家遭遇到以下问题:谁为客体对象赋予了形式,以及接收者所接收到的在多大程度上是实施者(或实施者们)的本义(或多种本义)。

和文化史的其他方面一样,诸如劳工或性别问题,历史学家对书籍的研究主要集中在动因问题上。就像劳动和性别研究必须分析一些流行观念，诸如蒸汽机或口服避孕药等技术的革命意义，书籍史的学术研究也必须面对印刷机是变革动因的观念。例如，伊丽莎白·艾森斯坦1979年的权威著作就叫作《作为变革动因的印刷机：近代早期欧洲的传播与文化变革》。然而，正如艾森斯坦本人所接受的那样，技术决定论的概念提供的论证过于简单化——无论是以活字印刷为例说明，还是以后来一些有关图书业的机械化变化为例；仅仅是技术决定了书籍的影响，此观点虽然极有吸引力，但却是错误的。

书籍史研究因马歇尔·麦克卢汉（Marshall McLuhan）将媒介与信息相联系而声名远扬，这是一种具有强烈技术决定论色彩的表述。甚至在麦克卢汉之前，政治经济学家哈罗德·伊尼斯（Harold Innis）就在其著作《帝国与传播》（*Empire and Communications*，1950）中强调了历史学研究中的传播问题。彼得·伯克（Peter Burke）描述过伊尼斯的研究脉络："对纸张（这是加拿大经济史中的一个重要产业）的研究使他进入了新闻史，而对加拿大的研究——传播对其殖民和后殖民时期的经济和政治发展有着深远的影响——把他吸引到了从古代亚述和埃及一直到当下的帝国及其传播媒介的比较史。"伊尼斯感兴趣的是传播如何发生，以及如何理解它。但当他提到文明（比如埃及）时，他提到的是"传播"，而不是"书籍"；在这些文明中，一个小的精英社会群体甚或一种神职，垄断着写作。同样，他认为在中世纪的欧洲，"中世纪僧侣建立在羊皮纸上的智识垄断被新出现的纸张和印刷品破坏了，正如象形文字时代埃及祭司掌控的'书写垄断权'被希腊人和他们的字母文字颠覆了"。[4]

尽管伊尼斯是经济学家，而不是历史学家，没有采用一种真正令历史学家满意的方式来使用证据，但他的大部分理论仍是基于对过去的文化，以及对过去文化中的传播的分析。他的帝国文化研究不但追溯到书写的初创时期，他还含蓄地表述了一个理论，即口语文化在某种程度上比建基于书写的文化更为民主和人性化——而只有后者才能建立一个帝国。帝国的主题贯穿了整部作品——一个帝国是由一种文化的价值来定义的，这些价值"作为传播效率的标志"被强加给另外一种文化。[5]

麦克卢汉的作品比伊尼斯的更有影响，他也承认受到了后者的影响。《古腾堡星系》（*The Gutenberg Galaxy*，1962）和《理解媒介：论人的延伸》（*Understanding Media: The Extensions of Man*，1964）都讨论了引入活字印刷技术的文化影响。和伊尼斯一样，麦克卢汉着迷于印刷的工作方式：他说印刷具有内在的偏好，因为它能把读者与其他形式的传播相分离，不仅与口头传播，也与视觉艺术分离。他那句著名的格言"媒介即讯息"（the medium is the message，以及后来的"媒介即按摩［massage］"）似乎总结了书籍文化研究的论点，同时也使其变得稀松平常。

《古腾堡星系》的主题是活字印刷的发明对事件产生了深远的影响——不是单一的影响，而是事件的整个星系或布局。麦克卢汉引入了强大的"印刷文化"概念，它"意味着新发明与该时期的文化变迁之间有联系，但不总是具体指出这些联系可能是什么"。当麦克卢汉说印刷机意味着手抄文化的终结时，他并没有对一度发展成中世纪和宗教改革/文艺复兴研究丰富脉络的内容进行档案学或目录学研究。相反，他在表达他的假设或预感，即一个戏剧性的突破肯定已经发生了。我们将看到，这个假设是无效的，无论它在现代主义者听来多么令人信服。[6]他进一步认为，印刷促进了民族主义和民族语言，也培育了一种私人身份感（因为每位个体读者都有自己的印本书复本）。

对麦克卢汉来说，和对伊尼斯一样，写作是一种强大的技术，而印刷更是如此。麦克卢汉对印刷和印刷文化的历史研究产生了巨大的影响，这是艾森斯坦富有影响力的作品的灵感来源。正如伯克所说，艾森斯坦"通过将其翻译成她的专业共同体，即历史学家和图书馆学家可以接受的术语"，"驯化"了麦克卢汉（以及沃尔特·翁［Walter Ong］关于口头表达）的思想。[7]阿德里安·约翰斯称麦克卢汉为艾森斯坦的"灵感和头疼的对手"。[8]艾森斯坦否认她的作品暗示了一种粗糙的技术决定论,并反复竭力澄清自己的意图和论点。[9]但是,技术通过创造文本稳定性来决定意义的含义一直难以消除。不过,在过去二十年,对过去文化中关于阅读和出版的学术研究已经令人信服地证明,被讨论的动因是人的、社会的,而非机械性的。[10]然而,人们只是刚开始认识到新共识的重要性,及其内涵:印刷不一定有助于固定文本,无论是过去还是现在——相对于电脑屏幕或抄写员的笔迹,印刷只是一种相对没那么可塑和不稳定的形式。一旦与物体-书籍相关联的动因被定位在其作者、编者、编辑、抄袭者、印刷商和出版商,以及书商、图书馆员和朗读者等相关职位所构成的集体中,我们就可以思考在传递思想的过程中,书籍在作者和读者之间充任媒介的复杂方式。或者正如伯克所说:"把印刷视作一种催化剂,就像几个世纪后的新媒体(比如电视)那样,可能要更为恰当,它更有助于支持,而非发起社会变革。"[11]

这种对印刷的技术动因的批评不仅直接出现在传播史上,也间接出现在科学史内寻求方法论创新的过程中。2000年的一期《英国科学史杂志》(*British Journal for the History of Science*)开设了一个"书籍史与科学"专栏,刊登了一些属于书籍史的目录学传统的文章,作为科学史智识问题的补充。乔纳森·托帕姆在该专题的简短"介绍"中表示：

> 事实上，对于"书籍史是为了什么？"这个问题，我们可能会回答，它的目标是把以多种方式和物质对象打交道的社会行动者重新引入历史，在这种历史中，书籍经常只是被理解为脱离实体的文本，而文本的含义又是由单个的、具有独特创造性的作者决定的，对读者来说也是透明的。[12]

该专栏的一位撰稿人阿德里安·约翰斯曾经就这个问题进行过广泛撰述。在1994年的一篇简要论述和1998年的长篇专著《书籍的性质》（*The Nature of the Book*）中，约翰斯表示：

> 当书籍完成后，它对固定性的专注会倾向将注意力远离，而非靠近，行动者为确保其产品在空间和时间中稳定所付出的劳动。结果仍然是将某些个人和机构的工作凌驾于他人工作之上。一个更好的方法是，关注那种恰恰被这种做法低估的劳动。

的确，印刷与文本固定性之间的联系"对于接受一种对印刷及其产生的任何文化结果的真正历史的理解来说，可能是最大的排斥力量"[13]。除非历史学家把易变性，而不是固定性作为其出发点，否则书籍及其所处文化的历史就不可能存在。

在《书籍的性质》中，约翰斯证明了权威文本的制作——在这个例子中是关于自然知识的——是一个历史问题，人们曾想当然地认为它服务于讨论印刷术对欧洲思想与文化的革命性影响。在此过程中，他创立了一个极佳的例子，来探索历史学家撰写书籍史的方法。

历史学家将书籍描述为历史中的一股力量，人类动因是这种描述的核心，尽管作家和读者各有其位置，出版商作为中介动因仍然特别重要。（在早先的几个世纪，文具商、书商或其他生产、分销商占据了出版商作为把关者的角色。）夏蒂埃已经描述了他们的重要性："选择或订购文本，控制把文本变成书籍的操作，以及确保它们被分发给购买者，这种出版活动显然是技术史和生产史、图书业的社会学和阅读的社会学、书籍的物质研究和文本的文化学研究之间产生联系的基本过程。"[14]

过去文化中的传播问题

本节把对书籍发生作用的那段历史的研究,还原为时间、地点和因时而变的维度,并使用这些最基本的概念,提出一些在书籍和印刷文化研究中应用它们的问题。[15]

时　间

在历史研究中,一个始终需要关注的问题是怎样避免陷入历史分期的武断类别,卢德米拉·乔丹诺瓦称之为"划分过去"的问题。我们仍在使用的历史分期是在学院派历史学家群体中被社会性地建构起来的,大约是在19世纪后期,和历史学被重新发明为一个学科在同一时间点。从那时起,传统历史分期中的过去被分为古代、中世纪、近代早期和现代,主要类别中还有更进一步的细分。当然,这些分期本质上是欧洲中心的。事实上,我们可能会问,哪怕仅仅针对欧洲而言,它们对文化和社会史起到了什么作用,颇为有用的术语"前现代"正越来越取代中世纪和近代早期之间的严格划分。用卢德米拉·乔丹诺瓦的话来说,对早期的分期观念的"继承"是不幸的,"因为约定俗成的分期术语似乎阻碍了新的思考,通过分期,对历史的特殊观点被归化了,因此很难再使它们接受批判性审视"。[16]

书籍史中的分期往往会延续，甚至加强传统中的断裂。在正统的教科书叙事中，正如我们所见，古腾堡和活字印刷的开始经常被视为中世纪与现代之间断裂的重要标志，稿本与口语文化为一方而印刷则属另一方。值得注意的是，将对比设定在关注书籍的原稿/印刷，和关注社会背景的口头/文字之间，会存在一定偏差。前工业时代普通民众的不能读写和口语性，与在相同的几个世纪内书籍以稿本形式的流通，这两者之间存在着时间上的平行关系。但稿本文化是需要识字的，读写能力与印刷品流通之间的关系仍然是一个开放的历史编纂学问题。

当技术推动争论时，印刷与现代性之间的紧密联系尤其强大，印刷和出版史研究通常发展出一个横跨15世纪中期到1820年代的分期。众所周知，在长达四个世纪的时间里，出版业或其他印刷行业几乎没有变化，直到刻板印刷被引进，以及机器印刷和机器造纸术出现。[17]《法国出版史》将这一段漫长时期描述为"一种印刷的旧制度（ancien régime）"，这个分期本身跨越了法国大革命所造成的传统断裂。[18]

然而，如果借由书面文字得以公开的书籍史和传播史被给予不同的表达，分期就会发生变化。如果问题是读写而非印刷——是社会技术而非机械技术——那么关键日期将有所不同。在一项关于近代早期欧洲读写能力的概览研究中，R. A. 休斯顿（R. A. Houston）观察说："在意大利北部城市，15世纪就已经出现了一种'读写心态'，但在俄罗斯帝国，直到19世纪，口耳相传仍然是传播的主要方式。"休斯顿还指出："运用读写能力是一个复杂的过程。"同样地，戴维·文森特对读写能力和大众文化的研究深入挖掘了维多利亚时代工人阶级文化和想象力的各个方面，并就读写的广泛用途形成了自己的观点，认为技巧是依据对获取和应用读写能力的需求的理解而变化的。[19]

如果读写能力是一个文化问题，而不是技术问题，它就是阅读史的一部分。法国书籍史的第一代没有提出在现在看来如此重大的问题，即随着时间的推移，阅读会发生怎样的变化，其假设是文本和阅读都是抽象概念，而且保持不变。正如夏蒂埃所说，他的前辈们"始终对物体本身漠不关心"所带来的缺点之一，是这阻碍了他们"回应（书籍史）试图解决的其中一个基本问题：也就是说，越来越多的印刷品的流通以何种方式改变了思想和情感？"[20]夏蒂埃自己的研究从此付出大量努力来转变历史学视角下构成问题的阅读，其他历史学家（以及其他学科的学者）则对文学研究做出了重大贡献。詹姆斯·雷文建议："如果我们……放弃读写能力和无读写能力之间简单对立的假设，我们必须重新思考我们对阅读的评价，视其为18世纪文化变革的一个方面。"他警告人们不要将阅读等同于

"进步和启蒙，等同于文化水平从低到高的进步，从无知与不开化，到民主、人道主义和德行高尚"，他认为"尝试理解历史上的个体读者，可能首先需要检查辉格派对阅读目的和阅读效果的记载"。[21]辉格派或者现在论者假设阅读是为了进步，阅读的结果是现代化的，这些假设和关于印刷技术的假设如影随形。

技术、读写能力和阅读的分期之间的区别，并不是说其中一个比其他两个更好，而是说对书籍文化的研究必须关注其自身复杂的分期问题。正如在其他新的文化史中一样，由政治参与推动的智识上的好奇会重新阐明传统内容，并提出一系列新的问题。也许举个例子会助于理解：妇女史（也是对过去一个被忽视的方面的探讨）中一部重要早期作品是琼·凯莉-加多尔（Joan Kelly-Gadol）的《妇女有文艺复兴吗？》（"Did Women Have a Renaissance?"），而文中回答说：她们没有。事实证明，传统的分期对妇女史毫无帮助，因为西方人类历史的重大分界点、古典知识的复兴等，都没给任何社会阶层妇女的生活带来积极的变革。凯莉-加多尔认为，事实上，如果说文艺复兴也是妇女史上的重要时期或事件，那也只能说出于一种负面的影响，它减少了妇女的选择。[22]

类似地，书籍史家需要意识到图书业事件中的重要分期：研究15、16和17世纪的学者很可能会质疑把1450年贸然划分为书籍史上的"断裂"或"转变",同时要记住,对于从事前现代研究的学者来说,抄本的采用比印刷的出现更重要。夏蒂埃不再像亨利-让·马丁那样强调古腾堡及其技术的重要性:"印刷术……并没构成发生在公元2世纪和3世纪的那种断裂。"当时,**抄本**代替了**书卷**或卷轴,纸张广泛取代了羊皮纸。[23]正如我们所看到的,一种长期存在的印刷旧制度并没有阻碍书籍文化的其他方面发生深刻变化,不仅是在行业本身,还有与读写能力和阅读相关的思维习惯。

地 点

研究图书业的历史学家由于密切关注其地理因素而获得了丰厚的回报,吕西安·费弗尔和亨利-让·马丁就是如此,他们合著的《印刷书的诞生》是该领域的奠基性文本。彼得·W. M. 布莱尼和雷文都描绘了各自时期伦敦的图书销售地区,菲奥娜·布莱克和伯特伦·H. 麦克唐纳(Bertrum H. MacDonald)提出了如何利用新的绘图技术来开拓新的问题。"通过把有关书籍及其生产、传播、接受的信息和潜在、广泛的与空间相关的历史信息联系起来",地理信息系统(GIS)可以使人们"从考察书籍生产的静态'地理学',转向探索印刷文化的多面向概念的动态'空间历史'"。[24]

当我们从时间维度转向地理维度时，我们可以借用凯莉-加多尔提出的转化问题作为模式："书籍有国界吗？"也就是说，作为一个相当近代的概念，民族国家可以成为适当的框架，能够在其中构建出涵盖书籍全部形式的连贯历史吗？这些形式包括天主教欧洲统一之后的中世纪手稿，和21世纪地球村的网站，更别说古代世界的石雕，又或是某些北美土著民族的贝壳串珠。换言之，国界明显是一个人为的限制性概念，甚至没有人考虑到，无论是否合法，图书贸易总是能够轻易地将图书从原产地运送到目的地读者手中。但是，即使我们能够同意书籍作为传播媒介在过去不受国界的限制，我们也不能忽视民族国家。碰巧的是，民族的历史似乎的确与书籍紧密相连。

本尼迪克特·安德森（Benedict Anderson）认为，民族可以被视为"想象的共同体"。这个强大的概念在过去几年影响了无数的历史学家、社会和政治思想家，它主要建基于从阅读的视角来刻画民族认同。阅读同一文本的人，无论是报纸还是小说，尤其是当他们几乎同时阅读的情况下，他们就在某种意义上将自己构建成了一个共同体，尽管他们作为个体彼此不相识。对安德森来说，"书籍是最早的现代式大量生产的工业商品"。然而，和农业或手工艺商品不同，"书籍……是特别的、独立的物品，而且被精确地大量复制"。从这个角度看，报纸就是"一种销售规模极大，但流行时间极短的书。或许可以说是一日畅销书？"阅读，尤其是报纸阅读，可以被理解为一种圣餐仪式，或者说是共同祈祷的时刻："它是在沉默的私密中，在头脑深处进行的。然而，每一位领圣餐者都清楚地知道，他所进行的仪式在同一时间正被数以千计（或百万计）他虽然完全不认识，却确信存在的其他人重复着。"因此，对安德森来说，图书业是一个"无声的集市"，它将书籍的生产者与消费唤起民族认同的文字的人联系了起来。安德森发现，"资本主义与印刷技术在人类语言致命的多样性上的汇合，使得一个新形式的想象的共同体成为可能。而自其基本形态观之，这种新的共同体实已为现代国家的登场搭好了舞台"。[25]如果国家和民族认同的概念是被历史地定位的，且取决于事件，那么文本、书籍和文件的概念也是如此。

历史编纂学的相似性具有启发意义。虽然政治-宪法的历史对于民族国家通常是独特的，但文化史——或社会史、家庭史、性别史——在更广泛的地理范围内通常是有益的研究。如果可以对"童年"、"读写能力"或"妇女"进行跨国界的研究，那么值得一问的是，为什么"书籍"——无论作为文本还是物体，都明显是可转移的事物——却经常被紧紧束缚在民族认同的框架内。麦肯齐提出了一个比较史的可能性："以**书籍**为主题的民族史以一件共同的制品为基础，用可比较的生产和分配手段来服务于可比较的目的。"[26]那么，为什么我们倾向于孤立地研究各个国家的图书业？[27]这里虽不是充分讨论该问题答案的地方，但可以提出一种可能性。在法国出现的首个"国家书籍史工程"是一次意外，法国是一个有着震撼人心的，真正革命性的历史的民族国家，其历史以特殊的方式塑造了它的历史编纂学。夏蒂埃的文章《书籍史中的法国性》（"Frenchness in the History of the Book"）追溯了从1950年代到今天的那种历史编纂学，将**书籍史**中的每个趋势与更广泛的历史实践中的趋势联系起来，首先是定量的热情，然后是赋予社会阶级压倒性的首要地位，或者用他的话来说："建基于数字和系列……（以及）王国的行政和公证文书的经济和社会（的历史）。"[28]这些后来让位于对文化形式的关注，包括把书籍作为物质对象的新理解。这种内在的关注——达恩顿称之为"法国性"——以及年鉴传统的演进，可以解释为什么如此多的精力被投入到创作一部出色的《法国出版史》之中，也说明了为什么其他国家的书籍史看起来可能会大不相同。

在过去的十几年里，英国（及苏格兰、威尔士和爱尔兰）、澳大利亚、新西兰、德国、美国、加拿大和其他一些地方的书籍史项目已经开始跟随法国模式。但既然这些作品开始出现，各种项目之间的对话也开始了，一个新的问题正在形成：一个国家和另一个国家图书业的相似性是否能够超越国家间的差异性？在该行业中，我们肯定能找出一些西方文化的共同主题。在加拿大魁北克省舍布鲁克（Sherbrooke）举行的会议"18世纪至2000年图书出版的世界性变革"在这方面起到了启发作用。近代世界书籍史是由一个国际性学者团体提出的，先按一个国家接一个国家，然后按一个流派接一个流派。[29] 讨论中出现的一个共同议题是中心区与边缘区的关系。它在单一国家内部体现为，诸如巴黎或伦敦（或纽约、多伦多）这样的大都市，与那些文人相对不集中，但其政治和社会权力肯定会影响大都市文化的其他地区之间的张力。我们经常看到，即便是和特定国家及其文化密切相关的书籍，例如与维多利亚时代英国相关的狄更斯小说，也能够跨越民族国家和民族语言的界线，在全球范围内传播（并被改编）。类似地，在帝国的背景下，书籍是用来创造和维持控制的传播媒介之一，或者至少在尝试这类控制。

尽管政治边界具有渗透性，国家在书籍史中亦非无足轻重。但这是有问题的。如果考虑到理论和方法问题，那么我们又回到了差异性领域。以下问题可能是一个例子：在加拿大历史上，叙述是在何时何地出现的？《加拿大书籍史》（*A History of the Book in Canada*）的编辑选择了土著与印刷业的初次接触，同时也展示了即使在欧洲定居者中，时间起点问题也相当复杂；在殖民地出现印刷很久之前，人们就从巴黎、伦敦和其他地方进口书籍。正如弗朗索瓦·梅兰松（François Melançon）的研究所提出的，新法兰西还支持着丰富的抄录传统。[30]正如杰曼·沃肯廷观察到的："近两百年的抄录文化的存在，使得印刷看起来不像是加拿大书籍史上的最高成就和主导主题，而更像是一种特殊的、被历史所界定的，我们文化叙事中的插曲。"此外（沃肯廷证明）还有一个由加拿大原住民使用的，以例如贝壳串珠的意指系统为基础的书面传播系统，这是一种会意或象形的符号系统，而不是一种基于语言的或表音的符号系统，它特别具有"书卷气"。[31]我的这段简短的题外话是想说，传播史该包括什么、排除什么的问题，不仅会因为时间的不同而有所不同，而且会因为地点的不同而发生变化。这些差异与其说是由技术的应用和图书业的实践决定的，还不如说是由同时在给**书籍和历史**划定界限的学者的理论假设决定的，无论这些假设是否被表述了出来。

因时而变

大多数历史研究关注的都是过去文化中变化的发生方式。一些传统观念是关于更大的社会中的变革力量的，比如世俗化、工业化、政治意识形态和人口转型，如果我们能辨认其中的一些，那么很明显，这些力量已经影响了这些社会中的作者身份、图书业和阅读习惯的动态。这里的关键问题是政治和经济问题，可以被首先表述为"权力在哪里？"国家拥有审查权，即使在自诩开明的社会中，教会和大学等机构的社会权力也可能影响深远。意识形态的文化权力也能如此。达恩顿《法国大革命前的畅销禁书》（*The Forbidden Best-Sellers of Pre-Revolutionary France*）中所写的自由主义文学是异见文化的一部分。另一个例子是，强加在英国维多利亚时代出版商头上的非正式审查，原是流动图书馆推崇的惯例。[32]

图书业本质上是商业性的，因此其历史与前资本主义制度向资本主义制度的变化紧密相连，在某些地方还经历了共产主义或其他替代方案的经验。出版既是文化的，也是商业的，书籍既是一种商品也是一种文艺作品，这种观点多年来一直是学术理解的基础。[33]雷文认为："近代早期和现代欧洲所有国家的图书业模式都是同一种欧洲模式的变体，占据主导地位的是资本化、中央控制、集约化生产和向外辐射的分销网络。"[34]若要认识图书业的商业性质，方法之一便是反思印刷品免费向读者传播的情况有多么特殊，就像《1700年以来免费印刷品和非商业出版》（*Free Print and Non-commercial Publishing since 1700*）中提到的作者们那样。[35]

那么，一个历史问题是怎样为书籍史塑造了一个合乎逻辑的理论和方法论构想呢？阐述这些问题的一种方法可能是要记住书籍史的传统类别，比如作者身份、阅读和出版，都是随附于时间和地理的，特别是对于现代和西方文化。它们也不可避免地倾向于文学作品。为了有利于跨学科和跨国别的研究路径，让这些类别少受特定时空假设的束缚可能有所裨益。一些学者关注的不是作者身份，而是**创作**（composition）或**刻印**（inscription），以便把书写中的抄录行为囊括进来，比如对共同努力的记录，或者诸如民间故事、歌曲和秘方等集体记忆的成果。[36]把作者身份历史化是为了思考文学财产的价值和所有权的概念是怎样随着时间推移而变化的。版权法是复杂的，我们可能并不清楚它们被调整时所处的特殊环境，但小说的兴起等这种文学史上的里程碑事件都和作家及其继承人可获得的经济回报直接相关。[37]同样，用**生产-分销连续体**（production-distribution continuum）这个术语来区分出版和书籍销售（二者在18世纪都已经以现代形式出现）是很可取的。要想理解出版商的职能曾经是由文具商和书籍销售商来完成的，就要意识到图书零售业是书籍文化研究中被忽视的一个方面。[38]相较于读者身份，"接受"是一个范围很广的词汇，足以涵盖书籍在阅读之外的使用目的。尽管许多令人鼓舞的新学术成果都把读者放在了和一本书的作者、生产者和分销商相关的重要位置，但有些作品被设计用来参考或者收藏，而不是消费和分享，这种观点让我们可以恰当地理解这些关系。[39]

这些建议并不是要削弱或否认过去两个世纪创造性文学作品的作者身份、阅读和出版的重要性。相反，它们旨在强烈建议，不同的路径、方法和研究问题可以应用于时祷书、圣经、烹饪书、编年史、历史书、政治和哲学专著、政府报告、行为指南、教科书、科学著作、词典和百科全书，以及所有其他被归类为非虚构的手稿、印刷品和电子文本的历史。书籍史的功能并不局限于回答诸如维多利亚时代的人是怎样阅读狄更斯的：理解他们是如何阅读贝顿夫人的是另一回事，也是以不同的方式"引出社会史"（达恩顿语）的问题。[40]马修·布朗用启发性的语气说："书籍史挑战着文学批评家，因为它的见解使那些文学艺术学者看来无聊透顶的题目获得了生机。图书业研究、印刷厂研究、销售记录、读者身份历史以及PABH（PBSA）的每一页都表明，基于信息的文本驱使着书写记录的生产和消费。不连贯的信息，非虚构艺术或线性叙事。文学批评家会如何处理这一点？"然而，他当然也沉思道："一部关于意识，关于情感和想象，关于政治和冲突的历史，都可以通过这部枯燥的经典来探索。"[41]事实的确如此。对于那些其学科实践并不囿于某一部经典的历史学家来说，一般不会对在过去文化中生产和分销的书籍的标题感到倦怠厌烦或局促不安。

注 释

1 Darnton, "An Early Information Society", 12.
2 20世纪中期法国的年鉴历史学派肇始于一份《经济社会史年鉴》(*Annales d'histoire économique et sociale*)杂志,该派学者致力于为社会史研究发展出一种计量方法。参见Peter Burke, *The French Historical Revolution: The Annales School*。
3 Grafton, "AHR Forum: How Revolutionary Was the Print Revolution?" 84–85; Chartier, "Frenchness in the History of the Book", 308–309.
4 In Asa Briggs and Peter Burke, *A Social History of the Media*, 6, 7.
5 Cited in David Godfrey, "Introduction" to Harold A. Innis, *Empire and Communications* (Victoria BC: Press Porcépic, 1986).
6 Burke, in Briggs and Burke, *Social History of the Media*, 19. 参见下文诸如玛格丽特·J. M. 伊泽尔和哈罗德·洛夫(Harold Love)等学者就手稿文化延续到印刷时代的讨论。
7 Burke, in Briggs and Burke, *Social History of the Media*, 21.
8 Johns, *Nature of the Book*, 13.
9 Eisenstein, "AHR Forum", 87–105.
10 参见相关作品,比如Johns, *Nature of the Book*; Raven, "New Reading Histories, Print Culture and the Identification of

Change", 286–287; Secord, *Victorian Sensation*。

11 Burke, in Briggs and Burke, *Social History of the Media*, 22.
12 Topham, "Introduction" to "Book History and the Sciences", 153.
13 Johns, "History, Science, and the History of the Book"; Johns, *Nature of the Book*, 2.
14 Chartier, "Frenchness in the History of the Book", 318.
15 这个简单而有力的模式是威廉·阿克雷斯于2000年春季在温莎大学发表的题为《知识经济中的历史》("History in the Knowledge-Based Economy")的演讲中提出的。
16 Jordanova, *History in Practice*, 115.
17 S.H. Steinberg, *Five Hundred Years of Printing*, chapter 2.
18 Chartier, "Frenchness in the History of the Book", 318–322，其中提出了三种出版模式，它们在"长时段的书籍史"中"依次接替"。第一种是"出版是文本的公开展示，其原稿经作者核实和确认"；第二种是从15世纪中期到19世纪前三分之一时期"印刷旧制度"，当时"出版活动高于一切商业活动"；第三种是，"出版是一种自主职业，出版商也是我们现在所认识的样子"。后一种现象出现在1830年左右的法国，某些地方出现得早一些，某些地方晚一些。
19 Houston, *Literacy in Early Modern Europe*, 231–232; Vincent, *Literacy and Popular Culture*; Vincent, *The Rise of Mass Literacy*.
20 Chartier, "Frenchness in the History of the Book", 308.

21 Raven, "New Reading Histories", 281, 286.

22 Kelly-Gadol, "Did Women Have a Renaissance?" chapter 7.

23 Chartier, "Frenchness in the History of the Book", 311.

24 MacDonald and Black, "Using GIS for Spatial and Temporal Analyses in Print Culture Studies", 505–536.

25 Anderson, *Imagined Communities*, 34–35, 46. 安德森借用了吕西安·费弗尔和亨利·让·马丁合著的《印刷书的诞生》一书，作为他关于印刷文化章节的来源，尤其是他们关于在15世纪，已经有2000万本印刷书籍被生产和传播开来的观点。对这些数字的批评，参见"Twenty Million Incunables Can't Be Wrong"一章，Joseph Dane, *The Myth of Print Culture*。

26 McKenzie, "Trading Places? England 1689 – France 1789", 22–23.

27 亦见Darnton, *Histoire du livre Geschichte des Buchwesens*, 33–41。

28 Chartier, "Frenchness in the History of the Book", 304–306.

29 Jacques Michon and Jean-Yves Mollier, eds, *Les Mutations du livre et de l'édition*.

30 "First Contact of Native Peoples with Print Culture", in Patricia Lockhart Fleming, Gilles Gallichan, and Yvan Lamonde, eds, *History of the Book in Canada*, 1: 13–22. François Melancon, "La Circulation du livre au Canada sous la domination française".

31 Germaine Warkentin, "In Search of 'The Word of the Other'", 4.

32 有关流动图书馆，参见Guinevere L. Griest, *Mudie's Circulating Library*; and Richard D. Altick, *The English Common Reader*。

33 参见诸如Andrew Levy, *The Culture and Commerce of the American Short Story* (Cambridge: Cambridge University Press, 1993); and Michael Lane et al., *Books against Publishers: Commerce against Culture in Postwar Britain* (Lexington, Ky: Lexington Books, 1980)。另见N. N. 费尔特斯（N. N. Feltes）在《维多利亚小说的生产模式》（*Modes of Production of Victorian Novels*）和《文学资本和维多利亚晚期的小说》（*Literary Capital and the Late Victorian Novel*）中有关"商品文本"的研究。

34 Raven, "British Publishing and Bookselling". 亦见Raven, "The Structure of Publishing and Bookselling in Victorian Britain"。2006年出版的是Raven, *The Commercialization of the Book: Booksellers and the Commodification of Literature in Britain 1450 to 1900*。

35 Raven, ed., *Free Print and Non-commercial Publishing since 1700*.

36 布鲁诺·拉图尔（Bruno Latour）及其追随者将实验室称为"书面刻印系统"，关于"刻印"行为，亦见Timothy Lenoir, ed., *Inscribing Science: Scientific Texts and the Materiality of Communication* (Stanford: Stanford University Press, 1998)，以及Mario Biagioli and Peter Galison, eds, *Scientific*

Authorship。我很感激詹妮弗·康纳（Jennifer Connor）的这些推荐。

37 关于产权问题，参见James J. Barnes, *Authors, Publishers, and Politicians*。关于文学财产更广泛的研究参见Eva Hemmungs Wirtén, *No Trespassing*，以及William St Clair, *The Reading Nation*。

38 爱德华·H. 雅各布斯（Edward H. Jacobs）评论说："图书史学家几乎没有试图具体说明过去人们从目录和书店中挑选图书时实际做了什么。"（"Buying into Classes", 43–64）亦见路易斯-乔治·哈维（Louis-George Harvey），《书写读者的历史：书籍史与观念社会史在美国》（"Writing the History of Readers: Historie du livre and the Social History of Ideas in America"）。哈维在评论达恩顿的传播循环时指出："然而，就观念社会史而言，有人可能会说，书籍'生命周期'中的分销和消费阶段最具潜在的启发性。因为这些活动包含了读者与书籍的互动，让我们能够评估书籍的影响，反过来，也可以评估读者创造的总体需求对传播循环其他阶段的影响。话虽如此，对分销和消费的分析并不容易，这项任务包括研究出版商、书商及其代理人以及读者的活动。更重要的是，这样的强调引导我们去考虑其他重要的变量，如印刷品的价格和供应，审查制度，当然还有读写水平。"

39 关于书籍的消费，参见Radway, "Reading Is Not Eating", 7–29。

40 Darnton, *The Business of Enlightenment*, 2. Kathryn Hughes, *The Short Life and Long Times of Mrs Beeton* (London: Fourth Estate, 2005). Leslie Howsam, "Food for Thought [Mrs Beeton's Books]", *Rare Book Review* 31, no. 3 (April 2004): 32–36.

41 Brown, "Book History, Sexy Knowledge, and the Challenge of the New Boredom", 703.

第五章　跨学科观察：文本、印刷和阅读的易变性

第四章讨论了麦克卢汉思辨观念的影响，强调了一个强大的理论，即活字印刷是革命性的，因为它能够将一个标准化或者固定的文本制造和复制出多个复本。古腾堡时代与宗教改革、文艺复兴和科学革命等历史发展的并陈出现，引发了罗比·麦克林托克（Robbie McClintock）所谓的先有鸡还是先有蛋的争论：谁先出现，又是谁导致了谁？[1]

伊丽莎白·艾森斯坦关于印刷技术作为动因的理论建立在这样一个论点之上：活字印刷有助于将文艺复兴和宗教改革时期重要作品的文本"固定"下来。对她来说，从手写到印刷的转变是欧洲历史上"未被承认的革命"，在探讨有关宗教、人文主义哲学和科学的章节中，她利用思想史家传统的非目录学证据来证明技术动因。她认为，

正是印刷——用欧洲的白话语言印制的经文（以及小册子）——使路德的异端言论变成了永久的改革，而非被罗马镇压的地方分裂派。就科学或者"自然哲学"而言，艾森斯坦同样认为，由于印刷技术有助于将一部科学著作的文本固定下来，其话语才呈现出现代意义上的权威性。艾森斯坦最初两卷本著作在1979年面世时，受到了目录学家和文本学者的严厉批评。[2]尽管如此，北美的大学使用的许多标准教科书都引用了《作为变革动因的印刷机》，来帮助解释路德的成功。[3]

艾森斯坦的案例对历史学家和文学学者的影响——目录学证据不仅有用，而且在研究文化传递机制时必须加以考虑——直到最近才得到充分认识。正如詹姆斯·雷文说："仅仅关注印刷技术和印刷生产的变化，会引出对文本的反应是不变的这种假设。"结果可能是，"许多研究实体书的历史学家肯定低估了对其接受——人们对印制、版本和装帧方面细微差别的不同反应，以及在印刷的最初几个世纪里，排版呈现的更广泛背景——的不稳定性。对一些读者来说……对各种不同版本的敏感得到了强调，对文本的易变性有了更深的理解"。[4]

艾森斯坦感兴趣的不是文本的易变性，而是"从一种读写文化向另一种的转变"，这就是她在提到"未被承认的革命"时所想的。[5]她决定同时从她的学科历史学，及其在1960年代和1970年代所研究问题的束缚中挣脱出来，厘清这个概念。2002年，她在《美国历史评论》的一个论坛上重申了她二十年前的论点，提醒读者她的作品"并不会受限于书籍史或阅读史的条条框框"，相反，（她）想到了一个范围更广、当前不再时髦的研究单位：西方文明（或者"西方基督教世界"，这是它在15世纪的叫法）。她"对几代人以来，影响文本传递的变化怎样冲击了历史意识特别好奇"，并尖锐地指出，"当前的书籍史，其趋势已经背离了这类关注"。[6]在《美国历史评论》的文章中，她特别提到了阿德里安·约翰斯对她的著作《书籍的性质》的批评，《美国历史评论》的编辑为约翰斯提供了一篇文章的回复篇幅，并在最后一句话中提醒艾森斯坦"回复"。正如我们已提到的，约翰斯提出印刷品具有不稳定性、偶然性的观点，是就人而非技术作为动因而言。艾森斯坦巧妙地用美国政治团体全国步枪协会的语言重新组织了对方的批评："枪不会射击人，人会。"——同样地（我的解释是）："印刷不会创造变化，印刷者会。"约翰斯反过来将自己的方法描述为"像是'枪不杀人，社会杀人'的东西"。[7]

约翰斯和艾森斯坦之间的辩难很有启发性，对于历史专业的学生来说，这是一个很好的起点，尤其是当他们进入书籍和印刷文化的学术研究领域时。这场争论在一定程度上是学术代际的差异，艾森斯坦对技术影响的偏好及其历史编纂学认知已经让位给约翰斯的兴趣：关于自然世界的思想的社会建构，以及关于他的历史行动者的话语。[8]从某些方面说，他们的书写都忽略了彼此，均未涉及对方的主要假设：约翰斯甚至将艾森斯坦对自己作品的批评视为一种怪异的阅读，并且作为例子说明了"阅读展示出批评家的积极力量，从书页上的内容构思出意义——这种力量在很大程度上是书籍世界的一部分，但不是出版本身的一种突出属性，因此在艾森斯坦的印刷文化概念中没有明确的位置"[9]。

阅读史，就像约翰斯和詹姆斯·西科德分别在17和19世纪的科学史中，以及凯文·夏普（Kevin Sharpe）在近代早期英国政治史中所做的，已经进行了大量工作来动摇关于固定性的论点。[10]这些历史不仅包括读者在日记和普通书籍中留下的证据，还包括印刷商在文本的不同版本的多样性上留下的证据，这些文本在表面上自诩是"相同"的作品。凯文·夏普的研究是通过阅读威廉·德雷克（William Drake）留下的大量笔记、注释和日记，来了解近代早期英国政治史，后者主要通过文学经历了内战。夏普在开篇"学会阅读"一节中，对关于解读17世纪英国历史的争论进行了长篇讨论，并认为"对于忽视了阅读、写作的理论和历史问题的研究文艺复兴的历史学家来说，文本犯下的罪过是不合时宜"[11]。

目录学研究也坚持印刷文字的易变性和可塑性。戴维·麦基特里克的《印刷、手稿和对秩序的探索（1450—1830）》（*Print, Manuscript and the Search for Order, 1450-1830*）在精致的细节和精确的插图中（既是文本的也是视觉的）思考：在他所研究的这个时期"印刷意味着什么？"他的目的是"证明印刷中的不稳定性不只是一个从话语到手稿再到印刷的线性过程，也不是说它依赖于在几个平行版本中工作的作者——就作者自己而言，没有哪个版本比其他版本更具或者更不具权威性。这种不稳定状况的起源可以追溯到15世纪中期书籍生产程序和方法的变化的性质。书籍生产过程中的每个阶段都具有不稳定的特点，即使它已经离开了作者之手"。麦基特里克提到了印本书的"桀骜品质"，"熟悉文学与艺术的批判理论，（它）挑战了书籍不仅在内容上一致，其解释也具有一致性的假设"。事实上，"印刷文字和图像最吸引人的特点是它们既是固定的，同时又在无休止地变化"[12]。与艾森斯坦反对"就早期版本并不完全相同这一事实吹毛求疵"形成鲜明对比[13]，麦基特里克说："对大英图书馆15世纪印本书籍编目的详细阅读……能够约略说明一个版本的不同复本彼此变化的程度，它们不仅在装饰上不同，而且在更早阶段，文本设置和每页呈现的印刷排版也有不同。"[14]文本差异并不只是吹毛求疵，但其重要性并不易还原为那种教科书式的对革命性变化的确定性。

麦基特里克还指出，早期现代印刷品的不稳定性有可能，也确实被制造商掩盖了。在总结对印刷校对人员角色问题的讨论时，他说道："印刷过程……固守一系列的文本，并被它们定义，而这些文本没有一个可被视为稳定的。不管有其他什么说法，印刷过程本质上是不稳定的，不仅体现在印刷过程中有据可查的校订习惯，也体现在印刷之前的每个阶段。最终出版的文本，其稳定性取决于视觉技巧，其中大部分狡黠的操作都被隐蔽了起来。"在这一时期，连读者也要"为书籍的实物制作负起部分责任来"："从16世纪到18世纪，作家、文具商和印刷商等都要求读者用钢笔修改已经排版和印刷的内容。"然而，麦基特里克与最近的许多阅读史学术成果划清了界限。困难在于"读者手握指挥棒"。对于科学是被社会地建构的这种论点，麦基特里克与艾森斯坦一样没有耐心，但他的确似乎同意约翰斯的观点，因为印刷品是不稳定的，所以"读者"的解释只能在非常有限的程度上是可控的。[15]

与历史学家和目录学家一样，文学学者也在强调材料文本、作者意图和读者解释的易变性。文本编辑为新版本的文学文本所做的准备，是处理这些问题的一个机会。正如我们所看到的，最早的一些目录学研究是为了解决有关莎士比亚和第一代美国作家创作意图的文本问题,及为了准备权威性评述版本。[16]最近的编辑理论已经放弃了树立单一的权威文本的想法。保罗·埃格特(Paul Eggert)为现代编辑实践提供了一个有用的理论根据:

> 编辑……优先考虑写作的动因和时机,并且记录下写作过程。或者更确切地说,它有能力记录写作过程,但迄今为止,它的习惯是构建单一的阅读文本,并提供一套为它服务的装置,这种习惯迎合着一种错觉,即几乎在所有情况下想象活动都能形成一个稳定的文本产品。它没能挑战,反而助长了后结构主义将作者边缘化,以便令文本和重构的多样性信马由缰的倾向。文学作品一开始就不是固定的,而是不稳定的、充满问题的知识,编辑过程往往把这一点置于背景之中。[17]

同样,利娅·S. 马尔库斯(Leah S. Marcus)在《取消编辑文艺复兴:莎士比亚、马洛和弥尔顿》(*Unediting the Renaissance: Shakespeare, Marlowe, Milton*)中研究了"任何既定作品历经时空的可变性……我们针对某篇作品的方法和批判兴趣可能会被我们所接收的特定版本所促进、阻碍，甚至完全阻止"[18]。正如上一代批评家依赖于阿尔弗雷德·波拉德（Alfred Pollard）、W. W. 格雷格（W. W. Greg）和弗雷德森·鲍尔斯（Fredson Bowers）奠定的目录学的确定性，马尔库斯和包括杰罗姆·麦根在内的其他人现在将其工作建立在麦肯齐的更为灵活的目录学方法之上。

马库斯指出了文本研究的代际转变：1960年代末，当她还是一名英国文学的研究生时，"大多数学生都像躲避瘟疫一样躲避目录学课程：我们认为，专门研究这样的机械问题，研究当时冒充为智慧的东西，只是证明了个性或想象力的严重缺陷"。但自1990年代末以来，在得克萨斯大学、埃默里大学、多伦多大学、牛津大学、剑桥大学、加利福尼亚大学以及其他地方，"文学专业的研究生开始展示前辈学者眼中近乎异端的对于过去物质对象的学术兴趣——'经典作品'的早期印本，印刷的历史书、廉价小册子，各种通俗文学，手稿、稿本书和其他制品。……这些学生发现，编辑和分类文本的问题与其他形式的阐释一样引人入胜"[19]。正如我们所看到的，这种代际差异也适用于历史学科，文化形式的社会建构属性也吸引着约翰斯和西科德这类学者的兴趣。

20世纪中期的学者们发现，文本不稳定性的想法"令人深感不安"，马尔库斯认为，所以也许"标准版的功能之一就是平息这种不安,并让读者相信他们得到了一个可以信赖的文本"。但她发现,在电视的陪伴下长大、熟悉互联网的孙女和孙子并没有感到不安:相反,他们"倾向于不再信任那些被规定了单一意义的版本,如果她们自身对文本真实的感觉是多样的、千变万化的。对他们来说,不稳定性不一定引起焦虑,却可能像罗兰·巴特那样与游戏和放松的感受联系起来,甚至是舒服的熟悉感。这些学生渴望接触原始材料……而不是接受公认的智慧,特别是当那种智慧无法证实他们自己对所有话语形式的可塑性的认知时"[20]。

(科学)历史家约翰斯、目录学家麦基特里克和文本编辑马尔库斯可能被视为我们三个核心学科的典范,其作品表明他们都接受了文本的可塑性。他们也体现了书籍和印刷文化中的文学研究是怎样利用相近学科,并与之进行辩论的。

书籍和印刷文化研究中的学科与跨学科性

本章认为,在过去的时代,争夺书籍"归属权"的主要学科是历史学、目录学和文学学术。它们绝非全部,其他学科(比如传播学、地理学、政治学和社会学)和交叉学科(文化研究、古典研究和中世纪研究、妇女研究、美国研究、英国研究、加拿大研究和排满了整个字母表的"区域研究")可以映射到这三种核心方法上,而每个学科又分为更为狭小的领域。每个学科的实践者都对过去提出了不同的问题,而且确实在以不同的视角理解**历史**和**书籍**。也有一些人向现在提出问题,质疑当代的接受、生产/分销和创作模式,同时还有可能在思考未来。

此外,正如我们所看到的,严格的经验主义者和抽象理论家都对这个主题感兴趣。这种差别跨越了正式的学科,而这意味着很少有共同的假设。例如,一些实践者并不质疑印刷可以固定文本的概念,从而确保了许多读者在同一页上体验到相同的词,另一些实践者则放弃了固定性的概念,认为印刷文本的流变性不比手稿或电子文档差多少。跨学科性的确混乱。

从罗伯特·达恩顿《书籍史是什么?》一文及其所附的传播循环模式中,我们还不清楚一本书的生命周期图解模型是否能够缓解学科的混乱。然而,我在本章中对那些对历史语境中的书籍感兴趣的学术学科之间的界限和张力提出了质疑。贯穿始终的是三个问题:书籍史是否可能?书籍史真的是历史吗?书籍史是为了什么?

戴维·珀金斯《文学史可能吗?》(*Is Literary History Possible?*,1992)一书提出了一个适宜书籍史学者和书籍文化的研究者进行改编和反思的戏谑问题。珀金斯以否定的态度回答了自己的问题,认为文学史不可能以一种可信的方式书写出来。文学史若要可信,就必须把文学的过往存在呈现出来,同时还要解释它的起源和影响。他问的不是文学史能否被写成,因为此领域已是汗牛充栋,而是"该学科能否得到智识上的尊重",并回答说:"我们不能带着智识上的信心来写文学史,但我们必须阅读它。"的确矛盾,在珀金斯看来,文学史尽管是不可能的,但却是必要的。他补充道:"这个论点的讽刺和自相矛盾正是历史上我们当下时刻的典型。"[21]

如果我们套用珀金斯的问题,那就是:书籍史可能吗?它的回报值得我们投入大量智识(和经济)资源吗?与文学史相似,内在的局限性包括难以捕捉过去某个文化中书籍的物质性,并同时解释它从何处来,以及它的影响是怎样起作用的。更多的限制可能存在于上述学科界限中,提出不同问题的学者,其方法时有不同甚至相互冲突。对书籍和印刷文化的研究是否提供了任何其他方式都无法辨明的见解?

正如我们所看到的,珀金斯坚持认为文学史与历史本身不同,因为它"也是文学批评"。它的目的不仅仅是重建和理解过去,它还有进一步的追求,那就是阐释文学作品。[22]与此相似,历史学家旗下的书籍史独立于,也应该独立于文学批评和对实体书籍的研究,因为其目的是通过揭示和分析文学、信息、意识形态和其他作品在过去的文化中被创作、传播和接受的一些方式,来阐明这些文化。

珀金斯的反偶像著作提出的第二个问题是,"书籍史"是否完全符合专业学术历史机构成员所理解的历史。虽然本章肯定地回答了这个问题,但它也提出,为什么在大学历史院系中很少有这门学科的实践者——传播问题只是历史学关注的众多问题之一。历史学家需要确信,而不仅仅是了解目录学方法的效用。该学科视书籍史**为**历史,因为它提供了大量证据,洞察着过去人们的活动,他们的**心灵状态**和看待事物的方式、他们对权力的抗争、对生活节奏的体验等等。在提到文化史的问题时援引无法转译的**心灵状态**,就是要记住,给**书籍史**(同样无法转译)冠名的法国历史学家属于年鉴学派,他们最早的成员都沉浸在另一个语境中被称为"现实生活的非正式逻辑"的东西之中,亦即文化。[23]

约翰斯提出的第三个问题,几乎和帕金斯的问题同样具有摧毁性:"书籍史的目的是什么?"约翰斯的答案与文学或制品无关,甚至也与传播无关,而是为了知识:"一个合理的答案在于书写和印刷材料在知识构成过程中所起的作用。书籍史的意义重大,因为它描述了知识被产生和利用的条件。它的所有进一步影响都可能源自于此。"[24]印刷商和书商的做法,以及读者的策略,在特定的时间和地点，构成了这些条件。

提出这类问题是为了打消学术界近期因对该主题的智识兴趣激增而产生的自满情绪。在《阅读革命》（*Reading Revolutions*）一书中，夏普也提出了一个类似的批评，即跨学科研究领域固有的碎片化：

> 书籍史认识到，某些类型的历史学探讨，以及提出和回答问题的方式，需要做跨学科的努力。而这，唉，就是问题所在，也是书籍史的希望所在。除了一些明显的例外，书籍史总是存在着被碎片化的危险，回到创造了它的更小身份群体。传统的目录学家、图书馆学家与社会学家、年鉴学派历史学家并不总是合得来，更不用说批判理论家了。值得注意的是，这门新学科很少将接受理论引入到对书籍及其读者的历史和材料研究。此外，还有一个同等的危险，那就是书籍史本身正在成为一门专业，拥有自己的会议、期刊和研究计划（如果不是院系的话）——也是一门被其他"主流"历史学者忽视或排斥起来完全不感到内疚的专业。

夏普和约翰斯一样，认为阅读史可能是理解社会和政治

"主导叙事"的核心。[25]

如果阅读史是必不可少的，如果我们必须了解印刷者和作家以及他们所生产的（和在生产的）材料在知识构成中的作用，那么现代院校应该怎样教授一个如此宽泛的科目？达恩顿关于跨学科复杂性的观点仍然成立，即便他的传播循环模型已经让位于无法图形化的复制和偶然性概念。鉴于这三个核心学科和几个相关学科在大学和学术界基础建制中都被深刻地制度化，我们需要问，书籍史是否应该，以及如何被制度化。书籍史是否会像艺术史和科学史一样，成为一门独立的学科，有独立的学术基础建制，包括院系、期刊和巡回会议，以及自己的理论和方法论话语？或者，对书籍文化的研究——无论是现在的还是过去的——是否应该在制度上以一种更松散的学科和院系混合的方式来完成概念化，比如妇女研究，文艺复兴、维多利亚时代或中世纪研究，加拿大、美国、爱尔兰或新西兰研究，或者性别和劳动研究？如果高阶学生的研究在他们渴望获得职位的学科并无根基，那么是否能够确保他们在学术界的就业前景？

特殊兴趣课程、学位课程、期刊和专著系列价值巨大，因为它们有助于"构建"主题，向学生引介其乐趣，推动同事们进行思想交流。然而，与其说它们是一门新学科的先驱，不如说是成果丰富、有创造力和令人尊重的跨学科性的辅助工具。毫无疑问，每个核心研究领域都将始终从自己的智识角度出发去研究书籍，提出自己的学术问题。在历史研究中，书籍史研究方法仍然是一种有力的将文化史概念化的方法。但历史学家没有必要为了书籍的学科归属权而与目录学家或文学学者争论不休。正如我们所看到的，最近的科学史工作表明，如果不严格审查那些表面似乎不成问题的制品、书籍，就很容易错过文本转化和扩大读者群的证据。对出版商账簿的用途和读者反应的研究——作为理解文学文本起源的途径——现在表明，使用这些相同的方法来分析其他领域的文化变迁也是可行的。

"读者在拿起一本书之前，需要站好一个位置。"彼得·拉比诺维茨（Peter Rabinowitz）如是说。在开始研究书籍和印刷文化之前，读者和学者应该确定自己所处的学科领域，本着尊重和宽容的态度来讨论跨越学术边界的差异问题。本章所表达的对书籍和印刷文化研究中学科边界定位的担忧，和达恩顿所说的"混乱的跨学科性"无关，而与辛迪娅·克莱格对"未形成学科的学科"的描述相近。书籍是麦肯齐的"共同的制品"，被许多文化所分享，其交易是本尼迪克特·安德森的"无声的集市"，在那里既有商业活动，也有文化。书籍的研究者从我们早期的实践认识到只向内关注的局限性，无论是关于文学文本、物质对象，还是印刷文化明显的语境性题目。每个研究主题都关注着自身，影响着其他主题，也影响着更为广泛的社会、性别和政治语境，影响着经济和智识因素。

注　释

1. Robbie McClintock, "Social History through Media History", *The Study Place: Explorations in Education* (2002)，该文是对Briggs and Burke, *A Social History of the Media*以及Burke, *A Social History of Knowledge*的评论；www.studyplace.org/readings/。

2. Anthony Grafton, "The Importance of Being Printed". 有关评论的清单，参见Peter McNally, *The Advent of Printing*。关于艾森斯坦和约翰斯的讨论，另见Joseph A. Dane, *The Myth of Print Culture*, 11–21。

3. 例如，参见Thomas F. X. Noble et al., *Western Civilization: The Continuing Experiment*, 2nd ed (Boston: Houghton Mifflin, 1998), 472。

4. Raven, "New Reading Histories", 183.

5. Eisenstein, *The Printing Press As an Agent of Change*, xii.

6. Eisenstein, "AHR Forum", 88.

7. Johns, "AHR Forum", 116.

8. Grafton, "AHR Forum", 86.

9. Johns, "AHR Forum", 110.

10. 亦见Guglielmo Cavallo and Roger Chartier, eds, *A History of*

Reading in the West。在《书籍史中的法国性》中，夏蒂埃指出了在朗读和默读、独自阅读和公开阅读，以及"教养性阅读"和"流行性阅读"之间的根本区别（322-324）。

11　Sharpe, *Reading Revolutions*, 40.

12　McKitterick, *Print, Manuscript and the Search for Order*, 3, 217–218, 8, 222.

13　Eisenstein, "AHR Forum", 93.

14　McKitterick, *Print, Manuscript and the Search for Order*, 102.

15　Ibid., 117–118, 132–133, 223, 227.

16　参考目录的起源被追溯到很早的时候，有人说是亚历山大时代就已经出现，另一些人则坚持文艺复兴时期的编辑和批判目录证据；一位伟大的文本评论家是安杰洛·波利齐亚诺（Angelo Poliziano），我很感谢杰曼·沃肯廷向我指出这一点。

17　Eggert, "Textual Product or Textual Process", 29.

18　Marcus, *Unediting the Renaissance*, 1.

19　Ibid., 2, 25.

20　Ibid., 27.

21　Perkins, *Is Literary History Possible?* 12, 17.

22　Ibid., 177.

23　Clifford Geertz, "Thick Description: Towards an Interpretive Theory of Culture", Geertz, ed., *The Interpretation of Cultures* (1975) in Vincent, *Literacy and Popular Culture*, 4.

24　Johns, *The Nature of the Book*, 623.

25 Sharpe, *Reading Revolutions*, 39–40. 夏普提及达恩顿的《启蒙运动的生意》，将其作为"主流"历史学家作品的例子。文章继续写道："这对英国来说可能是一个特别的危险，因为这里传统类型的智识史已经表明，它不愿意研究可能被称为思想的物质文化的东西：书籍、装帧、图书馆设施，把这些课题更多地留给更具手工技艺的同事，而非家中柏拉图哲学或自然权利理论的精妙世界里。欧洲大陆、德国和法国偏爱理论，以及一种美国式的对消费主义的安然接纳（英国人仍视之为粗俗的），还有一种更民主甚至民粹主义的意识形态，结合起来产生了阅读史上最好的学术成果，这可能不是偶然的。"

参考资料

Adams, Thomas R., and Nicolas Barker. "A New Model for the Study of the Book." In *A Potencie of Life: Books in Society*, edited by Nicolas Barker, 5–43. London: British Library, 1993.

Allan, David. "Some Methods and Problems in the History of Reading: Georgian England and the Scottish Enlightenment." *Journal of the Historical Society* 3, no. 1 (Winter 2003): 9–124.

Altick, Richard D. *The English Common Reader: A Social History of the Mass Reading Public, 1800–1900*. Chicago: University of Chicago Press, 1957.

Amory, Hugh. "Physical Bibliography, Cultural History, and the Disappearance of the Book." *Papers of the Bibliographical Society of America* 78, no. 3 (1984): 341–7.

Anderson, Benedict. *Imagined Communities: Reflections on the Origin and Spread of Nationalism*. Revised edition. London: Verso, 1991.

Barker, Nicolas. *Form and Meaning in the History of the Book*. London:

British Library, 2003.

Barnes, James J. *Authors, Publishers, and Politicians: The Quest for an Anglo-American Copyright Agreement, 1815–1854*. Columbus: Ohio State University Press, 1974.

Bell, Bill. "New Directions in Victorian Publishing History." *Victorian Literature and Culture* 22 (1994): 347–54.

Bell, Bill, Philip Bennett, and Jonquil Bevan, eds. *Across Boundaries: The Book in Culture and Commerce*. Winchester, Hampshire: St Paul's Bibliographies/New Castle, Del.: Oak Knoll Press, 2000.

Benton, Megan. *Beauty and the Book: Fine Editions and Cultural Distinction in America*. New Haven: Yale University Press, 2000.

Biagioli, Mario, and Peter Galison, eds. *Scientific Authorship: Cultural and Intellectual Property in Science*. New York: Routledge, 2003.

Blayney, Peter W.M. *The Bookshops in Paul's Cross Churchyard*. London: Bibliographical Society, 1990.

– *The Stationers" Company before the Charter, 1403–1557*. London: Worshipful Company of Stationers and Newspapermakers, 2003.

Bourdieu, Pierre. *The Field of Cultural Production*. Edited by Randal Johnson. Cambridge: Polity Press, 1993.

Brake, Laurel. *Print in Transition, 1850–1910: Studies in Media and Book History*. London: Palgrave, 2001.

Briggs, Asa, and Peter Burke. *A Social History of the Media: From Gutenberg to the Internet*. Cambridge: Polity Press, 2002.

Brown, Matthew P. "Book History, Sexy Knowledge, and the Challenge of the New Boredom." *American Literary History* 16, no. 4 (2004): 688–706.

Burke, Peter. *The French Historical Revolution: The Annales School, 1929–89*. London: Polity Press, 1990.

– *A Social History of Knowledge: From Gutenberg to Diderot*. Cambridge: Polity Press, 2000.

Carpenter, Kenneth E., ed. *Books and Society in History*. Papers of the Association of College and Research Libraries Rare Books and Manuscripts Conference, 24–8 June 1980. New York: Bowker, 1983.

Casper, Scott E. *Constructing American Lives: Biography and Culture in Nineteenth-Century America*. Chapel Hill: University of North Carolina Press, 1999.

Casper, Scott E., Joanne D. Chaison, and Jeffrey D. Groves, eds. *Perspectives on American Book History: Artifacts and Commentary*. Amherst: University of Massachusetts Press, 2002.

Cavallo, Guglielmo, and Roger Chartier, eds. *A History of Reading in the West*. Studies in Print Culture and the History of the Book. Amherst: University of Massachussets Press, 1999.

Chartier, Roger. "Frenchness in the History of the Book: From the History of Publishing to the History of Reading." *Proceedings of the American Antiquarian Society* 97, no. 2 (1987): 299–329.

– *The Order of Books: Readers, Authors, and Libraries in Europe between the Fourteenth and Eighteenth Centuries*. Translated by Lydia G. Cochrane. Originally published in 1992 as *L'Ordre des livres*.

Cambridge: Polity Press/Stanford, Calif.: Stanford University Press, 1994.

Clegg, Cyndia. "History of the Book: An Undisciplined Discipline?" Review essay in *Renaissance Quarterly* 54 (2001): 221–45.

Dane, Joseph A. *The Myth of Print Culture: Essays on Evidence, Textuality, and Bibliographical Method*. Toronto: University of Toronto Press, 2003.

Danky, James P., and Wayne A. Wiegand, eds. *Print Culture in a Diverse America*. Urbana: University of Illinois Press, 1998.

Darnton, Robert. *The Business of Enlightenment: A Publishing History of the Encyclopédie 1775–1800*. Cambridge, Mass.: Belknap Press of Harvard University Press, 1979.

– "What Is the History of Books?" Daedalus 111, no. 3 (1982): 65–83. Reprinted as chapter 7 in *The Kiss of Lamourette: Reflections in Cultural History*. New York: Norton, 1990. Citations in this volume are to *The Kiss of Lamourette*..

– *The Great Cat Massacre and Other Episodes of French Cultural History*. New York: Basic Books, 1984.

– "*Histoire du livre Geschichte des Buchwesens*: An Agenda for Comparative History." *Publishing History* 22 (1987): 33–41.

– *The Forbidden Best-Sellers of Pre-Revolutionary France*. New York: Norton, 1995.

– "An Early Information Society: News and the Media in Eighteenth-Century Paris." *American Historical Review* 105, no. 1 (February

2000): 1–35; http://www.indiana.edu/~ahr/darnton/.

– "History of reading." In Peter Burke, ed., *New Perspectives on Historical Writing*, 157–86. 2nd edition. University Park: Pennsylvania State University Press, 2001. Originally published in the *Australian Journal of French Studies* 23 (1986): 5–30.

Davidson, Cathy. *Revolution and the Word: The Rise of the Novel in America*. New York: Oxford University Press, 1986.

– ed. *Reading in America: Literature and Social History*. Baltimore: Johns Hopkins University Press, 1989.

Dooley, Allan C. *Author and Printer in Victorian England*. Charlottesville: University Press of Virginia, 1992.

Eggert, Paul. "Textual Product or Textual Process: Procedures and Assumptions of Critical Editing." In Paul Eggert, ed., *Editing in Australia*, 19–44. Canberra : New South Wales University Press, 1990.

Eisenstein, Elizabeth L. *The Printing Press As an Agent of Change: Communications and Cultural Transformations in Early Modern Europe*. New York: Cambridge University Press, 1979. Abridged without documentation as *The Printing Revolution in Early Modern Europe* (Cambridge: Cambridge University Press, 1984).

– "AHR Forum: An Unacknowledged Revolution Revisited." *American Historical Review* 107 (February 2002): 87–105.

Eliot, Simon. *Some Patterns and Trends in British Publishing 1800–1919*. Occasional Papers of the Bibliographical Society 8. London:

The Bibliographical Society, 1994.

– "*Patterns and Trends and the NSTC*: Some Initial Observations. Part One." *Publishing History* 42 (1997): 79–104.

– "*Patterns and Trends and the NSTC*: Some Initial Observations. Part Two." *Publishing History* 43 (1998): 71–112.

Ezell, Margaret J.M. *Writing Women's Literary History*. Baltimore: Johns Hopkins University Press, 1993.

– *Social Authorship and the Advent of Print*. Baltimore: Johns Hopkins University Press, 1999.

Feather, John. "Cross-Channel Currents: Historical Bibliography and *L'Histoire du livre*." The Library 6th series, 2, no. 1 (1980): 1–15.

– *A History of British Publishing*. London: Routledge, 1988.

Febvre, Lucien, and Henri-Jean Martin. *The Coming of the Book: The Impact of Printing 1450–1800*. London: NLB/New York: Schocken, 1976.

Febvre, Lucien, and Roger Chartier, eds. *Histoire de l'édition française*. 4 volumes. Paris: Promodis, 1982–6.

Feltes, N.N. *Modes of Production of Victorian Novels*. Chicago: University of Chicago Press, 1986.

– *Literary Capital and the Late Victorian Novel*. Madison: University of Wisconsin Press, 1993.

Finkelstein, David. *The House of Blackwood: Author-Publisher Relations in the Victorian Era*. University Park: Pennsylvania State University Press, 2002.

Finkelstein, David, and Alistair McCleery. *An Introduction to Book History*. London: Routledge, 2005.

– eds. *The Book History Reader*. London: Routledge, 2002.

Fish, Stanley. *Is There a Text in This Class?* Cambridge: Harvard University Press, 1980.

Fleming, Patricia L., and Sandra Alston. *Early Canadian Printing: A Supplement to Marie Tremaine's A Bibliography of Canadian Imprints, 1751–1800*. Toronto: University of Toronto Press, 1999.

Fleming, Patricia L., Gilles Gallichan, and Yvan Lamonde, eds. *History of the Book in Canada*. Volume 1: *Beginnings to 1840*. Toronto: University of Toronto Press, 2004.

Flint, Kate. *The Woman Reader*. New York: Oxford University Press, 1993.

Frasca Spada, Marina, and Nick Jardine. *Books and the Sciences in History*. Cambridge: Cambridge University Press, 2000.

Fuller, Danielle, and DeNel R. Sedo. "A Reading Spectacle for the Nation: The CBC and 'Canada Reads.'" *Journal of Canadian Studies* 40, no. 1 (2006): 5–36.

Fyfe, Aileen. *Industrialised Conversion: The Religious Tract Society and Popular Science Publishing in Victorian Britain*. Cambridge: Cambridge University Press, 2000.

Gardiner, Juliet. "Recuperating the Author: Consuming Fictions of the 1990s." *Proceedings of the Bibliographical Society of America* 94, no. 2 (2000): 255–74.

Gaskell, Philip. *A New Introduction to Bibliography*. Oxford: Oxford University Press, 1972.

Grafton, Anthony. "The Importance of Being Printed." *Journal of Interdisciplinary History* 11, no. 2 (Autumn 1980): 265–86.

– "Is the History of Reading a Marginal Enterprise? Guillaume Budé and His Books." *Papers of the Bibliographical Society of America* 91, no. 2 (1997): 139–57.

– "AHR Forum: How Revolutionary Was the Print Revolution?" *American Historical Review* 107 (February 2002): 84–6.

Green, Ian. *Print and Protestantism in Early Modern England*. Oxford: Oxford University Press, 2000.

Greetham, D.C. *Theories of the Text*. Oxford: Oxford University Press, 1999.

Griest, Guinevere L. *Mudie's Circulating Library and the Victorian Novel*. Bloomington: Indiana University Press, 1970.

Hall, David D. "On Native Ground: From the History of Printing to the History of the Book." *Proceedings of the American Antiquarian Society* 93 (1983): 313–36.

– *Cultures of Print: Essays in the History of the Book*. Amherst: University of Massachusetts Press, 1996.

Harvey, Louis-George. "Writing the History of Readers: *Historie du livre* and the Social History of Ideas in America." *Journal of History and Politics* 6 (1988–9): 155–77.

Hemmungs Wirtén, Eva. *No Trespassing: Authorship, Intellectual Property*

Rights, and the Boundaries of Globalization. Toronto: University of Toronto Press, 2004.

Houston, R.A. *Literacy in Early Modern Europe: Culture and Education 1500–1800*. London: Longman, 1988.

Houston, Susan. "'A little steam, a little sizzle and a little sleaze': English-Language Tabloids in the Interwar Period." *Papers of the Bibliographical Society of Canada* 40, no. 1 (2002): 37–60.

Howsam, Leslie. *Cheap Bibles: Nineteenth-Century Publishing and the British and Foreign Bible Society*. Cambridge: Cambridge University Press, 1991.

– "Victorian Studies and the History of the Book: Opportunities for Scholarly Collaboration." *Victorian Review* 22, no. 1 (1996): 65–70.

– "In My View: Women and Book History" (Guest Editorial). SHARP *News* 7, no. 4 (Autumn 1998): 1–2.

– "An Experiment with Science for the Nineteenth-Century Book Trade: The International Scientific Series." *British Journal for the History of Science* 33 (2000): 187–207.

– "Book History Unbound: Transactions of the Written Word Made Public." *Canadian Journal of History/Annales canadiennes d'histoire* 38 (April/avril 2003): 69–81.

Hudson, Nicholas. "Challenging Eisenstein: Recent Studies in Print Culture." *Eighteenth-Century Life* 26, no. 2 (Spring 2002): 83–95.

Iser, Wolfgang. *The Act of Reading: A Theory of Aesthetic Response*. Baltimore: Johns Hopkins University Press, 1978.

– *The Implied Reader: Patterns of Communication in Prose Fiction from Bunyan to Beckett.* Baltimore: Johns Hopkins University Press, 1978.

Jackson, H.J. *Marginalia: Readers Writing in Books.* New Haven: Yale University Press, 2001.

– *Romantic Readers: The Evidence of Marginalia.* New Haven: Yale University Press, 2005.

Jacobs, Edward H. "Buying into Classes: The Practice of Book Selection in Eighteenth-Century Britain." *Eighteenth-Century Studies* 33, no. 1 (1999): 43–64.

Jauss, Hans Robert. *Towards an Aesthetic of Reception.* Minneapolis: University of Minnesota Press, 1982.

Johns, Adrian. "History, Science, and the History of the Book: The Making of Natural Philosophy in Early Modern England." *Publishing History* 30 (1994): 3–30.

– *The Nature of the Book: Print and Knowledge in the Making.* Chicago: University of Chicago Press, 1998.

– "AHR Forum: How to Acknowledge a Revolution." *American Historical Review* 107 (February 2002): 106–25.

Johnson, William A. *Bookrolls and Scribes in Oxyrhynchus.* Toronto: University of Toronto Press, 2004.

Jordan, John O., and Robert L. Patten, eds. *Literature in the Marketplace: Nineteenth-Century British Publishing and Reading Practices.* Cambridge: Cambridge University Press, 1995.

Jordanova, Ludmilla. *History in Practice.* London: Arnold, 2000.

Kastan, David Scott. *Shakespeare after Theory*. New York: Routledge, 1999.

Kelly-Gadol, Joan. "Did Women Have a Renaissance?" In *Becoming Visible: Women in European History*, edited by Renate Bridenthal and Claudia Koonz, chapter 7. 2nd edition. Boston: Houghton Mifflin, 1987.

Laurence, Dan H. "A Portrait of the Author as a Bibliography." *Book Collector* 35 (Summer 1986): 165–77.

Love, Harold. *Scribal Publication in Seventeenth-Century England*. Oxford: Clarendon Press, 1993.

MacDonald, Bertrum H., and Fiona A. Black. "Using GIS for Spatial and Temporal Analyses in Print Culture Studies: Some Opportunities and Challenges." *Social Science History* 24, no. 3 (Fall 2000): 505–36.

Manguel, Alberto. A History of Reading. Toronto: Knopf, 1996.

Marcus, Leah S. Unediting the Renaissance: Shakespeare, Marlowe, Milton. London: Routledge, 1996.

Martin, Henri-Jean. The History and Power of Writing. Translated by Lydia G. Cochrane. Chicago: University of Chicago Press, 1994.

Martin, Henri-Jean, et al., eds. *Histoire de l'édition française*. 4 volumes. Paris: Promodis, 1982–6.

McDonald, Peter D. *British Literary Culture and Publishing Practice, 1880–1914*. Cambridge: Cambridge University Press, 1997.

– "Implicit Structures and Explicit Interactions: Pierre Bourdieu and the History of the Book." *The Library* 6th series, 19, no. 2 (1997):

105–21.

McGann, Jerome. *The Textual Condition*. Princeton: Princeton University Press, 1991.

– "Visible and Invisible Books: Hermetic Images in N-Dimensional Space." In *The Future of the Page*, edited by Peter Stoicheff and Andrew Taylor. Toronto: University of Toronto Press, 2004.

McGill, Meredith L. *American Literature and the Culture of Reprinting, 1834–1853*.

Philadelphia: University of Pennsylvania Press, 2003.

McKenzie, D.F. "The Sociology of a Text: Orality, Literacy and Print in Early New Zealand." *The Library* 6th series, 6 (1984): 333–65. Reprinted in D.F. McKenzie, *Bibliography and the Sociology of Texts* (Cambridge: Cambridge University Press, 1999).

– *Bibliography and the Sociology of Texts*. Panizzi Lectures 1985. London: British Library 1986. Reprinted in D.F. McKenzie, *Bibliography and the Sociology of Texts* (Cambridge: Cambridge University Press, 1999).

– "Trading Places? England 1689 – France 1789." In *The Darnton Debate: Books and Revolution in the Eighteenth Century*, edited by Haydn T. Mason. Oxford: Voltaire Foundation, 1998.

Reprinted in D.F. McKenzie, *Making Meaning: "Printers of the Mind" and Other Essays*, edited by Peter D. McDonald and Michael F. Suarez, 144–65 (Amherst: University of Massachusetts Press, 2002).

McKerrow, Ronald B. *An Introduction to Bibliography for Literary Students*. Oxford: Clarendon Press, 1927.

McKitterick, David. Print, *Manuscript and the Search for Order, 1450–1830*. Cambridge: Cambridge University Press, 2003.

McNally, Peter. *The Advent of Printing: Historians of Science Respond to Elizabeth Eisenstein's "The Printing Press as an Agent of Change.* 'Montreal: McGill University Graduate School of Library and Information Studies, 1987.

Melançon, François. "La Circulation du livre au Canada sous la domination française." *Papers of the Bibliographical Society of Canada/ Cahiers de la Société bibliographique du Canada* 37, no. 2 (1999): 35–58.

Michon, Jacques, and Jean-Yves Mollier, eds. *Les Mutations du livre et de l'édition dans le monde du XVIIIe siècle à l'An 2000*. Québec: Presses de l'Université Laval, 2001.

Moylan, Michele, and Lane Stiles, eds. *Reading Books: Essays on the Material Text and Literature in America*. Amherst: University of Massachusetts Press, 1996.

Murray, Heather. *Come, bright Improvement! The Literary Societies of Nineteenth-Century Ontario*. Toronto: University of Toronto Press, 2002.

Myers, Robin, Michael Harris, and Giles Mandelbrote. *The London Book Trade: Topographies of Print in the Metropolis from the Sixteenth Century*. New Castle, Del.: Oak Knoll Press/London: British Library, 2003.

Ouditt, Sharon. *Women Writers of the First World War: An Annotated*

Bibliography. London: Routledge, 2000.

Patten, Robert L. *Charles Dickens and His Publishers*. Oxford: Clarendon Press, 1978.

Perkins, David. *Is Literary History Possible?* Baltimore: Johns Hopkins University Press, 1992.

Rabinowitz, Peter J. *Before Reading: Narrative Conventions and the Politics of Interpretation*. Ithaca: Cornell University Press, 1987.

Radway, Janice A. *Reading the Romance: Women, Patriarchy and Popular Culture*. Chapel Hill: University of North Carolina Press, 1984. Reprinted with a new introduction 1991.

– "Reading Is Not Eating: Mass-Produced Literature and the Theoretical, Methodological, and Political Consequences of a Metaphor." *Book Research Quarterly* 2 (Fall 1986): 7–29.

– *A Feeling for Books: The Book-of-the-Month Club, Literary Taste, and Middle-Class Desire*. Chapel Hill: University of North Carolina Press, 1997.

Raven, James. "New Reading Histories, Print Culture and the Identification of Change: The Case of Eighteenth-Century England." Social History 23, no. 3 (1998): 268–87.

– "British Publishing and Bookselling: Constraints and Developments." In Michon and Mollier, eds, *Les Mutations du livre*(2001), 19–30.

– *London Booksellers and American Customers: Transatlantic Literary Community and the Charleston Library Society, 1748–1811*. Columbia: University of South Carolina Press, 2002.

- "The Structure of Publishing and Bookselling in Victorian Britain." In Martin Daunton, ed., *The Organization of Knowledge in Victorian Britain*, chapter 12. London: British Academy, 2004.
- ed. *Free Print and Non-Commercial Publishing since 1700*. London: Ashgate Publishing, 2000.

Raven, James, Peter Garside, and Rainer Schőwerling, gen. eds. *The English Novel 1770–1829: A Bibliographical Survey of Prose Fiction Published in the British Isles*. Volume 1: *1770–1799*, edited by James Raven and Antonia Forster; volume 2: *1800–1829*, edited by Peter Garside and Rainer Schőwerling. Oxford: Oxford University Press, 2000.

Raven, James, Helen Small, and Naomi Tadmor, eds. *The Practice and Representation of Reading in England*. Cambridge: Cambridge University Press, 1996.

Rivers, Isabel. *Books and Readers in Eighteenth-Century England: New Essays*. London: Leicester University Press, 2001.

Rose, Jonathan. "Rereading the English Common Reader: A Preface to a History of Audiences." *Journal of the History of Ideas* 53 (1992): 47–70.

- "How Historians Teach the History of the Book." *Canadian Review of Comparative Literature/Revue canadienne de littérature comparée* 23, no. 1 (March 1996): 219–20.
- *The Intellectual History of the British Working Classes*. New Haven: Yale University Press, 2001.

- "The Horizon of a New Discipline: Inventing Book Studies." *Publishing Research Quarterly* 19 (Spring 2003): 11–19.

Rubin, Joan Shelley. "What Is the History of the History of Books?" *Journal of American History* 90, no. 2 (2003): 555–75.

Ryan, Barbara. *Reading Acts: U.S. Readers" Interactions with Literature, 1800–1950*. Knoxville: University of Tennessee Press, 2002.

St Clair, William. *The Reading Nation in the Romantic Period*. Cambridge: Cambridge University Press, 2004.

Sauer, Elizabeth. *"Paper-Contestations" and Textual Communities in England, 1640–1675*. Toronto: University of Toronto Press, 2005.

Secord, James A. *Victorian Sensation: The Extraordinary Publication, Reception, and Secret Authorship of "Vestiges of the Natural History of Creation."* Chicago: University of Chicago Press, 2000.

Sharpe, Kevin. *Reading Revolutions: The Politics of Reading in Early Modern England*. New Haven: Yale University Press, 2000.

Shillingsburg, P.L. *Pegasus in Harness: Victorian Publishing and W.M. Thackeray*. Charlottesville: University Press of Virginia, 1992.

Steinberg, S.H. *Five Hundred Years of Printing*. Revised by John Trevitt. London: British Library/New Castle, Del.: Oak Knoll Press, 1996. First published 1955.

Stoddard, Roger E. "Morphology and the Book from an American Perspective." *Printing History* 9, no. 1 (1987): 2–14.

Stoicheff, Peter, and Andrew Taylor, eds. *The Future of the Page*. Toronto: University of Toronto Press, 2004.

Suleiman, Susan K., and Inge Crossman, eds. *The Reader in the Text: Essays on Audience and Interpretation*. Princeton: Princeton University Press, 1980.

Sutherland, J.A. *Victorian Novelists and Publishers*. London: Athlone/ Chicago: University of Chicago Press, 1976.

– "Publishing History: A Hole at the Center of Literary Sociology." *Critical Inquiry* 14 (Spring 1988): 574–89.

Tanselle, G. Thomas. "From Bibliography to Histoire totale: The History of Books As a Field of Study." *Times Literary Supplement*, 5 June 1981.

– *Literature and Artifacts*. Charlottesville: Bibliographical Society of the University of Virginia, 1998.

Thompson, Edward P. *The Making of the English Working Class*. Harmondsworth: Penguin, 1998.

Topham, Jonathan. "Beyond the 'Common Context': The Production and Reading of the *Bridgewater Treatises*." *Isis* 89 (1998): 233–62.

– "Introduction" to "Book History and the Sciences," a special section of *British Journal for the History of Science* 33 (June 2000): 155–8.

– "Scientific Publishing and the Reading of Science in Nineteenth-Century Britain: A Historiographical Survey and Guide to Sources." *Studies in the History and Philosophy of Science* 31, no. 4 (2000): 559–612.

Treadwell, Michael. "Review Essay: The History of the Book .in Eighteenth-Century England, Ireland, and America." *Eighteenth-Century Life* 16 (May 1992): 110–35.

Vincent, David. *Bread, Knowledge and Freedom: A Study of .Nineteenth-Century Working Class Autobiography*. London: Methuen, 1981.

– *Literacy and Popular Culture: England 1750–1914*. Cambridge: Cambridge University Press, 1989.

– *The Rise of Mass Literacy: Reading and Writing in Modern Europe*. Cambridge: Polity Press, 2000.

Warkentin, Germaine. 'In Search of "The Word of the Other": Aboriginal Sign Systems and the History of the Book in Canada.' *Book History* 2 (1999): 1–27.

Webb, R.K. *The British Working-Class Reader 1790–1848: Literacy and Social Tension*. New York: A.M. Kelley, 1971.

Weedon, Alexis. *Victorian Publishing: The Economics of Book Production for a Mass Market, 1836–1916*. Aldershot: Ashgate, 2003.

Winship, Michael. *American Literary Publishing in the Mid-Nineteenth Century: The Business of Ticknor and Fields*. Cambridge: Cambridge University Press, 1995.

Zboray, Ronald J., and Mary Saracino Zboray. *Literary Dollars and Social Sense: A People's History of the Mass Market Book*. New York: Routledge, 2005.